O outro lado da alma

CIP - Brasil. Catalogação na fonte
Sindicato Nacional dos Editores de Livros, RJ

T275o

Telles, Izabel
　　O outro lado da alma / Izabel Telles. – São Paulo: Ágora, 2016.
　　il.

　ISBN 978-85-7183-163-6

　1. Inconsciente (Psicologia). 2. Psicologia. I. Título.

15-19181
CDD: 154.2
CDU: 159.923.2

www.editoraagora.com.br

Compre em lugar de fotocopiar.
Cada real que você dá por um livro recompensa seus autores
e os convida a produzir mais sobre o tema;
incentiva seus editores a encomendar, traduzir e publicar
outras obras sobre o assunto;
e paga aos livreiros por estocar e levar até você livros
para a sua informação e o seu entretenimento.
Cada real que você dá pela fotocópia não autorizada de um livro
financia o crime
e ajuda a matar a produção intelectual de seu país.

O outro lado da alma

IZABEL TELLES

O OUTRO LADO DA ALMA
Copyright © 1998, 2016 by Izabel Telles
Direitos desta edição reservados por Summus Editorial

Editora executiva: **Soraia Bini Cury**
Assistente editorial: **Michelle Neris**
Ilustrações de capa e miolo: **Guilherme Vianna**
Projeto gráfico e diagramação: **Crayon Editorial**
Impressão: **Sumago Gráfica Editorial**

Editora Ágora
Departamento editorial
Rua Itapicuru, 613 – 7º andar
05006-000 – São Paulo – SP
Fone: (11) 3872-3322
Fax: (11) 3872-7476
http://www.editoraagora.com.br
e-mail: agora@editoraagora.com.br

Atendimento ao consumidor
Summus Editorial
Fone: (11) 3865-9890

Vendas por atacado
Fone: (11) 3873-8638
Fax: (11) 3872-7476
e-mail: vendas@summus.com.br

Impresso no Brasil

Ao dr. Gerald N. Epstein, caro amigo e mestre, que foi direto ao núcleo dos meus conflitos e, por meio de um simples exercício de imagens, mobilizou minha vida. Ele me fez ver que não há densidade nem resistências nas realidades internas – ou seja, é mais fácil mudarmos a partir delas. Também me fez constatar que as imagens são o canal de comunicação entre o mundo visível e o mundo invisível; nelas estão contidas todas as informações de que precisamos para nos tornar seres humanos completos. Observando o exemplo desse caro amigo e mestre, pude dar mais um passo em direção à luz.

A todos os mestres que me ensinaram a ver o outro lado da alma!

Sumário

Com a palavra, o cliente: uma apresentação 11

Parte 1. Os rumos da minha vida 17
    Uma inquietude na alma. 18
    Como descobri o meu "dom" 19
    O novo caminho 20

Parte 2. A leitura do inconsciente 25
    Uma homenagem a Jung 26
    O começo. 26
    As imagens contêm todo o conhecimento
        que precisamos ter de nós mesmos. 28
    As imagens que falam sobre o estado de saúde. 33
    O inconsciente funciona como
        uma máquina fotográfica 34
    A rotina da técnica 34
    Como vejo as imagens. 36
    Os desenhos 37
    Como o inconsciente faz o seu trabalho 38
    No inconsciente mora a criatividade 39
    A riqueza simbólica do inconsciente é inesgotável 39

O que faço com as imagens.......................... 41
Você acredita em vidas passadas? 41
O núcleo 42
Para que serve o contato com
    o estado inconsciente? 44

Parte 3. Um estudo de caso **49**
Leitura das imagens do inconsciente de E. 50

Parte 4. Algumas leituras do inconsciente **67**
Q. – Uma história fantástica 68
J. – O amor ideal 76
R. – As mãos paralisadas 81
S. – A busca do autoconhecimento 83
N. – Sob anestesia 87
D. – "Produzindo" um filme 90
E. – A cabeça dentro do peito 105
H. – A estrangeira 114
C. – O menino mudo 119

Parte 5. Leituras sobre o amor, a vida e a morte **129**
Voltando às origens 130
O que mudou na mente das pessoas
    nos últimos anos? 132
M. J. – O amor um dia há de chegar 134
A história de R. M. S. 163
S. M. – Construindo a vida sozinho 170
S. M. e a dificuldade de partir 175

Amalie: Sigmund, se um ferimento não é físico, então o que é?

Freud: Podia ser uma ferida na mente, na alma.

Amalie: Foi isso que você disse a eles, na Academia? É evidente que lhe pediram a demissão! (Ele caminha) Sigmund, o que é você, um médico ou um padre? Que é que você tem a ver com almas? Curar uma doença e aliviar uma dor é o mais belo trabalho que um homem pode fazer. Pois faça. Pratique a medicina como qualquer bom médico em Viena. Eles são os melhores do mundo!

Freud: Por que você pensa que eu levei minha paciente até Nancy? Por quê? Porque em Viena eles são os melhores do mundo? Eu a conduzi como uma mãe carrega seu bebê moribundo a um santuário. Sem consciência, só com esperança. Se não se podia ajudá-la aqui e Bernheim está conseguindo resultados incomuns através da hipnose, então vamos tentar Bernheim. Foi o que fiz. Durante sete dias ele tentou hipnotizá-la. E nada aconteceu. Nada! E então não há mais lugar nenhum para ir, a não ser voltar para casa, voltar para Viena, onde sabemos que não há nenhuma ajuda. Durante toda a viagem de volta, a dor dela piorou. E agora não tenho sequer a anestesia da esperança para oferecer. Toda a viagem foi um fracasso. Um terrível e doloroso fracasso.

Amalie: Mas a culpa não é sua!

Freud (concordando): *Não é minha culpa. Alguém tem de continuar procurando. Assim talvez um dia haja uma faísca de luz, uma centelha de compreensão, uma explicação para que feridas invisíveis possam aleijar e destruir!*

(Trecho da peça *A far country*, de Henry Denker, na tradução de Flávio Rangel)

Com a palavra, o cliente: uma apresentação

Izabel,
Quantas imagens de mim, do meu mundo de dentro e de fora. A carroça guiada por um condutor impaciente; caleidoscópios; catedrais destelhadas. Tudo remexido e lentamente pousado em novo prumo. Tudo cíclico, tudo se transformando tantas vezes quantas for o meu olhar: a areia se move dentro da ampulheta, indiferente ao tempo que a observa. Entre um e outro silêncio novo, acaricio meus pés e, humanamente, agradeço-lhes por me terem levado até você. Obrigada!

BETTINA

Meu primeiro contato com Izabel Telles se deu quando resolvi marcar uma leitura do inconsciente. Ao chegar ao seu consultório, fui me interiorizando para que aquele momento fosse produtivo no meu processo de autoconhecimento. Depois de breves apresentações, o trabalho começou. No início da leitura, tive muitas sensações; uma mistura de ser desvendada com uma ansiosa curiosidade e um medo do que poderia vir. Toda a descrição, com tanta sabedoria e confiança, dá um profundo conforto de saber que alguém está nos entendendo sem interpretações, o que alivia a tensão inicial. Conforme a leitura acontecia, eu ia localizando sensações inconscientes que me acompanhavam havia alguns dias e as quais eu não sabia acessar. No final do processo, eu estava absolutamente consciente do meu momento, das coisas e pessoas com quem eu não con-

seguia lidar e do progresso que já atingira até ali. Esse estado deu-me muita confiança para entender e enxergar que caminhos eu precisava tomar ao acordar no dia seguinte. A leitura me deu rumo. Por trabalhar com sistemas filosóficos de autoconhecimento, escuto pessoas descrevendo suas histórias e percebo que um aspecto que impede seu crescimento é a resistência em enxergar e admitir os próprios sentimentos e ações. É nesse ponto que vejo o imenso valor do trabalho de Izabel Telles: trata-se de uma poderosa ferramenta de autopercepção. Tive contato profissional com vários de seus clientes e percebi que, após as leituras, eles tinham nas suas gravações uma valiosa arma para, muito mais conscientes, trabalhar com determinação áreas da vida que precisavam e queriam transformar. Outro aspecto importante do trabalho da Izabel é que não existe avaliação ou interpretação, e sim uma descrição do momento da pessoa, o que aumenta as possibilidades de acerto. Acredito que o autoconhecimento transforma a nossa condição espiritual e, portanto, penso que a habilidade de Izabel Telles pode contribuir muito para a evolução do planeta.

GLAUCIA PAIVA

Em uma hora de sessão, Izabel descreveu os pontos mais importantes da minha existência, usando, para isso, imagens, símbolos, metáforas e músicas que dormiam dentro do meu inconsciente e eu nem suspeitava. Com base nessas imagens, dei um novo rumo à minha história.

M. H. S.

Sem usar nenhum recurso de hipnose, Izabel comoveu todo o meu ser quando foi relatando, como cenas de um filme, o drama central da minha vida.

A. T.

Cheguei ao consultório de Izabel Telles e fui logo dizendo que meu forte não era contar coisas da minha vida. Disse também que minha terapeuta tentava saber mais sobre mim havia anos e o processo estava se tornando cada vez mais difícil *para ambos. Izabel perguntou se poderia ir narrando as imagens que meu inconsciente fosse revelando sobre a minha personalidade. Depois de uma hora de sessão, eu tinha em mãos uma gravação que sem dúvida nenhuma abriu as portas de um trabalho muito mais produtivo com minha terapeuta.*

C. H. P

Confesso que, quando marquei consulta com Izabel (por conselho do meu médico), relutei um pouco em ir, pois não sabia exatamente o que ia acontecer comigo. Porém, ela foi descrevendo as cenas do meu inconsciente com tanta riqueza de detalhes – cores, pessoas, bichos, letras de música – que não pude deixar de sentir o cheiro da casa da minha avó, um lugar para onde ia sempre nas férias, e recordar de uma pessoa que marcou profundamente toda a minha vida.

M. L. S.

Querida Izabel, expor ao público buscador de si mesmo sua habilidade sensitiva proporciona-nos um horizonte mais amplo, pois você preenche a lacuna deixada pelas teorias, que é a ação, a prática. Assim, esses assuntos ficam mais "palpáveis".

V. R.

Sou empresário, com formação em Ciências Exatas, passando neste momento por um processo de psicanálise. Minha psicanalista sugeriu que eu conhecesse o trabalho de Izabel Telles. Aceitei prontamente, marquei uma consulta e submeti-me à leitura do inconsciente. Enquanto Izabel descrevia as imagens que via, vivenciei detalhe a detalhe as cenas, associando a cada uma delas os estados emocionais que trabalhava na análise. Aquelas cenas para as quais não consegui associações imediatas revelaram-se, mais tarde, plenamente pertinentes ao que me sucederia, mostrando quanto o inconsciente prepara as circunstâncias para que ocorra o que nele colocamos. Esse dom de Izabel Telles que permite desvendar o inconsciente é uma ferramenta poderosa para o autoconhecimento, e a beleza desse processo está em sua ética – ela, em momento nenhum, interfere ou influencia o paciente. Simplesmente descreve. O trabalho é único, bem como Izabel.

L. C. P. M.

Aos colegas terapeutas, gostaria de falar brevemente sobre o trabalho de Izabel Telles, o qual venho acompanhando com dedicação, interesse e atenção. Sem nenhuma técnica que envolva relaxamento, hipnose ou práticas espirituais, vejo clientes confirmarem, após o término de cada sessão, que reconhecem no material onírico captado do seu inconsciente acontecimentos que relatam com clareza situações de conflito ou desconforto que vêm se repetindo ao longo da vida, situações essas que eles não sabiam estar "gravadas" no seu inconsciente. É interessante a forma como Izabel relata esses conteúdos: com calma, paciência e uma riqueza imensa de detalhes. Ela vai "contando" cada cena como se estivesse "sonhando pelo cliente", trazendo das profundezas de cada um passagens totalmente pessoais e diferenciadas, confirmando que cada ser humano é único, especial, tendo no seu mais profundo "arquivo" imagens que elucidam complexos, conflitos, passagens. Momentos que, à medida que vão sendo "resgatados", comovem, encantam, abrem novos movimentos, apressam os passos da caminhada rumo ao autoconhecimento e à transformação pessoal. Nessa medida, este material tem se mostrado muito útil na compreensão dos mecanismos psíquicos, enriquecendo o processo analítico tanto na fase de diagnóstico como em momentos delicados do desenvolvimento psicoterápico.

A. A.

Ao escrever sobre a vivência que tive com Izabel Telles, comecei a navegar por todos os nossos encontros – tão ricos, mágicos, profundos, iluminadores. É como se ela pudesse ver, sentir, penetrar na imensidão misteriosa do inconsciente. É como se ela, ao fechar os olhos e respirar profundamente, conseguisse relatar sonhos. Não os de qualquer um, mas as imagens que me pertenciam, faziam parte da minha história, faziam sentido para mim. Só para mim! E mais: as imagens relatadas por Izabel vinham na sequência do meu desenvol-

Com a palavra, o cliente: uma apresentação

vimento como Ser, conforme pude perceber ao longo das sessões nas quais minha terapeuta e eu nos debruçamos sobre aqueles símbolos. Deixo para os outros a tarefa de explicar de que forma a Izabel consegue fazer esse trabalho, porque o que importa para mim é desfrutar dessa sensibilidade de um ser, no mínimo, iluminado!

REGINA NATEL

Considero a sensibilidade da Izabel Telles para detectar imagens visuais do inconsciente uma ferramenta de inestimável valor para o meu trabalho terapêutico, tendo em vista que encontro dificuldade de acessar o inconsciente de alguns pacientes com rígidas estruturas racionais – sobretudo os homens, que, pelo seu milenar histórico genético, negaram a própria intuição ao castrar a mulher para conquistar o poder. A obtenção e a manutenção desse poder transformaram-nos em robôs manipulados por valores equivocados e crenças castradoras, impossibilitando-nos de ser criativos, prósperos e livres. Essa habilidade sensitiva de Izabel Telles é a ferramenta de que precisávamos para solucionar muitos casos psíquicos e psicossomáticos. Parabéns e obrigado!

VITOR

Para falar do trabalho de Izabel Telles, é necessária uma retórica imagética, metafórica, onírica. Tudo que eu disser deve ser ouvido com um "como se", pois nele nada é exato, teórico ou provado. Comprovado, sim, se respeitarmos o que nos é apresentado como se faz com um sonho – nunca julgamos da ótica do falso/verdadeiro, provável/improvável. As imagens que nossos sonhos revelam bastam. Foi assim que compreendi a vivência que me foi oferecida por Izabel: como se aquela mulher pudesse ler meus sonhos, abrir o baú do meu imaginário, penetrar os corredores da minha imaginação! Os símbolos que apareciam em seu relato eram-me mais que familiares – eram íntimos, biográficos. Não havia dúvida, aquele relato era meu e as imagens estavam todas ali ao meu dispor, desfilando, reveladas. Pude reconhecer pequenos detalhes, ambientes, personagens, cenários, sons, sinais. Dicas. Ao final da sessão, conversamos um pouco sobre "o que era aquilo", que "nome" dar àquele dom, àquele recurso. Disse a Izabel que para mim ela era mais que uma vidente: era uma antena receptora e transmissora dos sinais do inconsciente que percebia ali um canal a mais para acessar nosso interior, uma chave nova para aquela porta ancestral e arquetípica que guarda nosso tesouro, nossa delicadeza, nossa dor. Saí de lá com a sensação de que ela havia sonhado meu sonho para mim. Com o passar dos dias, aquilo foi ganhando mais e mais sentido e sentimentos. Cada imagem, cada cena ganhou forma e temporalidade, sentido e significado, sementes que brotaram, floresceram, frutificaram. Por conta desses resultados tão férteis, resolvi indicar um primeiro paciente para viver a leitura onírica, e o que recebemos para trabalhar no consultório foi um verdadeiro tesouro de imagens. Os personagens internos apresentaram-se sob novas roupagens, sem a neblina do esquecimento dos sonhos, mas com a mesma delicadeza metafórica – tudo permeado pelo "era uma vez", pelo "como se" que protegia o segredo, o sagrado. Reconhecemos naquele enredo vários dos aspectos que garimpávamos nos sonhos. Ali estavam a sombra, a anima e o animus em seus diferentes aspectos, os medos, os impedimentos, as armadilhas. Muitos meses depois, ainda fazemos referência a determinados personagens ou cenas já conhecidos e agora reconhecidos; muitos meses depois, outras cenas começam a fazer sentido. Não sei se um dia a história se esgota. Sonhos, eu sei, não caducam... Já tive a oportunidade de trabalhar com cerca de dez relatos de pacientes. Cada um é feito de um jeito – assim como cada terapia tem a cara do cliente. Já trabalhei a história como um grande sonho, já analisei cena por cena, também ficamos em um personagem ou em uma dupla de personagens específicos. Houve casos de abandono da história – "Não se fala mais nisso (pelo menos agora)", "Deixe pra lá (ou mais pra lá)". Também não indiquei a vivência a todos nem a qualquer paciente. Ela demanda hora e contexto propícios. É a proximidade com o processo do paciente, a intimidade que sinalizará a pertinência ou não desse recurso no contexto terapêutico. Sei que tudo aquilo que tem valor psicológico insiste em manifestar-se e, para isso, usa todos os recursos possíveis. Eles se mostram: resta ter olhos para ver. O trabalho de leitura onírica do inconsciente é um par de óculos que nos auxilia a enxergar melhor.

Lúcia Rosenberg

Parte 1. Os rumos da minha vida

Uma inquietude na alma

Fui publicitária formada pela Escola Superior de Propaganda. No meu tempo, a instituição ainda não havia agregado ao seu nome a palavra "marketing". Talvez por isso eu tenha estudado essa vertente que faltava à escola nos anos 1970.

Passei por várias experiências profissionais, e algumas delas marcaram-me profundamente. A primeira a me deixar impressões foi a Alcântara Machado e Periscinoto Comunicações (hoje Almap/BBDO). Estas estão contidas num livro que escrevi sobre o Alex Periscinoto em 1995. A obra registra a propaganda brasileira dos anos 1950 aos anos 1990, num relato cheio de emoção e realismo.

A segunda experiência profissional que me marcou muito foi a Editora Abril. Em 1977, a Fátima Ali (na época, diretora da revista *Nova*) chamou-me para um papo e terminou a conversa convidando-me para ser editora da revista. Fiz minha estreia no jornalismo, área na qual permaneci por quase seis anos.

A terceira e mais forte impressão profissional ocorreu quando vivi em Portugal (de 1986 a 1991), onde, atendendo ao convite dos ingleses da J. W. Thompson Publicidade, fui engrossar a equipe que fazia um bom trabalho com a Thompson em Lisboa. O memorável dessa experiência foi que conseguimos levar para aquele canto da Europa um jeito americano de fazer publicidade – que, diga-se de passagem, agradou muito por lá. Meu desafio foi o de chefiar o departamento de criação e ajudar a cumprir a missão da empresa: "criar a propaganda mais eficaz e criativa do mercado". Não foi fácil, mas acho que conseguimos.

Em 1992, voltei para o Brasil com uma inquietude na alma. Algo não estava bem dentro de mim. Sentia uma angústia diária ao ter de ir trabalhar em agências de propaganda. Cheguei até a quebrar uma perna no meio do processo. Nos finais de semana, sentia grande alegria, quando então recebia algumas pessoas, encaminhadas por profissionais que desejavam conhecer mais profundamente o que se passava no inconsciente dos seus clientes.

Esse trabalho foi-se tornando cada vez mais importante e desafiador para mim, e tão forte que se sobrepôs à minha vontade e tornou-se realidade mais cedo do que eu havia planejado.

Com isso, deixei minha antiga profissão, fiz um curso de terapia da linha do tempo, abri um consultório e aqui estou, terminando este livro, que pretende contar um pouco da técnica que desenvolvi sozinha e, por isso mesmo, precisa ser conhecida, criticada, debatida e entendida – se é que podemos entendê-la racionalmente.

Por essa razão, estou à espera de seus comentários, críticas, avaliações e correções.

Como descobri o meu "dom"

Desde pequenina, "vejo" imagens ao redor das pessoas. Claro que escondia esse dom da minha família porque temia expô-la ao ridículo.

Com o tempo, e preocupada em sobreviver, dediquei-me com tanta atenção à minha carreira profissional que só tinha tempo para pensar em marcas, produtos, comerciais de televisão e cinema. E, de uma forma ou de outra, trabalhando no departamento de criação das agências, eu acabava criando imagens para os anúncios.

Mas foi em Portugal (mais adiante explico isso melhor) que as visões das imagens voltaram como a única forma de comunicação possível para mim. Como o entendimento entre a equipe era difícil, eu optava, muitas vezes, por deixar meus sentidos captarem o que estava se passando e normalmente conseguia dar respostas ou encontrar soluções conciliadoras para todas as partes.

Além disso, as metáforas, os símbolos, a permissão para sonhos e devaneios fazem parte da rotina de trabalho de toda agência de publicidade. Dessa forma, encontrei também na minha profissão terreno fértil para as coisas da imaginação.

Em agosto de 1996, comecei a formalizar minha técnica de ler o inconsciente das pessoas e a divulgá-la a todos os profissionais a quem tive acesso. Menos de um ano depois, eu já a havia demonstrado a mais de 30 renomados especialistas das áreas de psiquiatria, psiconeuroimunologia, neurologia, psicanálise, psicologia e terapias alternativas, obtendo deles o consenso de que, apesar de não terem um diagnóstico científico sobre a minha habilidade, ela trazia à tona conteúdos de suas experiências de vida.

O novo caminho

Em 1985, fui transferida de São Paulo para Portugal, onde formaria com quatro colegas (um inglês, um belga, um argentino e um português) o que eu chamava de "Torre de Babel" – administração cujo objetivo central era ganhar pelo menos a segunda posição no *ranking* local das agências de publicidade. Quando chegamos, a agência estava em 35° lugar, e tínhamos três anos para fazer o gol.

Meu inglês era sofrível. O português do belga e do inglês era nulo. O argentino falava inglês perfeitamente e nada de português e, com exceção dele, ninguém falava espanhol. O português falava todas as línguas, exceto o "brasilês". Eis por que eu dizia que habitávamos a Torre de Babel.

Talvez por isso eu tenha permitido que meu dom viesse à tona. Um dom que sempre fora reprimido lá em casa durante a infância, passada numa pequena cidade do interior paulista. Meu pai descendia de italianos e a religião católica era a única possibilidade de transcender.

A missa era obrigatória todos os domingos, mas a criançada, não sei por quê, passava o culto todo rindo e cochichando, sob o olhar severo e crítico dos mais velhos.

Eu podia "ver" através da realidade tudo que me era mostrado. Enquanto o padre rezava a missa com sua batina bordada com fios de ouro, eu o via chateado, sonolento, cansado daquela rotina infernal. Meu pai assistia à missa percorrendo seu rosário negro entre os dedos e eu o via de calção, pescando, enrolando a linha na carretilha, pacientemente sentado à beira do rio com o olhar perdido entre as taboas, as roseiras e a horta.

Hoje, acho que as crianças riam porque todas podiam ver o que eu via. Não sei, nunca pude trocar essas impressões com elas porque se eu falasse disso em casa logo levava uma bronca. É claro, e só hoje entendo, que não devia ser fácil para os adultos ter seus sonhos revelados – isso, com certeza, denunciava seus verdadeiros desejos e sentimentos.

Não é difícil imaginar em qual das duas instâncias decidi viver. Aos 4, 5 anos de idade, eu já havia "mudado" para o mundo dos sonhos ocultos, onde havia verdade, beleza, criatividade, um milhão de ideias e montagens engraçadas e alucinantes.

No entanto, o mundo "real" começou a ficar sem nenhuma graça, sem encanto nem sonho. Era como se eu pudesse atravessar as pessoas e sentir o que elas realmente queriam dizer e não podiam – ou não achavam conveniente. O que sei é que o mundo dos adultos passou a ser óbvio demais no dia a dia e eu me recusava a interagir nele. Criei meu espaço dando aos adultos respostas para suas imagens e não para suas palavras.

Isso fez de mim uma pessoa diferente das outras. Também, devo confessar, incapaz de me relacionar tranquilamente com elas. Em junho de 1997, um famoso antroposofista disse-me que eu estava encapsulada num mundo só meu, sendo essa a causa do diagnóstico apresentado por outro médico, seu colega: câncer no fígado. Câncer no espírito. Câncer na alma.

Foram 20 dias de intenso sofrimento e saudade, mas, preciso confessar, a morte não me assustava nem um pouco. Eu vivia no mundo das imagens e podia me comunicar com pessoas que haviam morrido, e elas pareciam bem. A morte nunca foi para mim um fim trágico ou doloroso.

Mesmo assim, decidi ir para a Suíça. Queria ouvir dos médicos dali o diagnóstico. No dia 15 de julho, peguei o trem de Zurique para uma clínica em Montreux e comecei os exames. Quatro dias depois, estava numa sala de ultrassom ao lado de um médico suíço enorme que não falava inglês. Só algumas palavras. O exame foi feito às onze horas de uma manhã chuvosa e triste. O especialista iniciou o exame com um gel quentinho e começou a deslizar o visor sobre o meu abdome. Disparou a falar em francês que não havia nada em meu fígado. Rodou por ali uns minutos e repetiu: não há nada, nada, nada, nada. O fígado estava limpo, sem nenhum nódulo.

As lágrimas escorriam dos meus olhos e eu fui relaxando, descansando, deixando a vida entrar pouco a pouco dentro de mim. No final, ele apertou minha mão com a força de um camponês decidido e finalmente disse no seu parco inglês:

— *Madame, have a good dinner!*

Porém, durante os 20 dias que esperei até embarcar para a Suíça, tomei algumas decisões. Jurei a mim mesma que escreveria um livro, sem nenhuma pretensão, sobre a minha técnica, o traduziria para o inglês e o enviaria a quantos profissionais ligados às áreas da medicina, psiquiatria, psiconeuroimunologia, psicologia e terapias alternativas eu pudesse.

Queria deixar um testemunho deste meu trabalho que é feito contatando o paraíso onírico dos seres humanos, onde estão guardadas todas as nossas memórias. E também de como podemos modificar nossa existência apenas ouvindo, vendo ou sentindo a nossa voz interior, dando a ela novos comandos para o que precisa ser mudado ou reforçando o que é bom para a nossa completa felicidade.

E é isso que estou fazendo aqui em Montreux. Entre um lago e uma cordilheira, tomando um solzinho calmo, com a cabeça quase encostada no céu, iniciei este relato.

Parte 2. A leitura do inconsciente

> "O mar sempre teve medo de nós."
> (declaração de um pescador dos Açores à emissora portuguesa RTP, julho de 1997)

Uma homenagem a Jung

Quando cheguei a Zurique, fui visitar o instituto do mestre do inconsciente, aquele sábio que, na primeira página do seu livro *Memórias, sonhos, reflexões*, declara: "Minha vida é a história de um inconsciente que se realizou". Estou-me referindo, claro, ao suíço Carl Gustav Jung.

Ele falava com os mortos e andava de braços dados com dois espíritos, Salomé e Filemon, nos jardins da torre onde recebia seus pacientes, amigos e colegas. E, acima de tudo, encarava as imagens que o inconsciente enviava como um sinal importante para ser entendido, analisado e integrado.

Na Suíça, ninguém achava que ele fosse "macumbeiro", "louco", "bruxo". Era visto como um estudioso, um mestre, um gênio.

Queria muito ter encontrado Jung por lá. Tinha a esperança de vê-lo rondando seus lugares. Algo dentro de mim dizia que, finalmente, alguém compreenderia o meu trabalho e me ajudaria a entender o que faço.

Mas naquele dia choveu muito e com certeza meu caro amigo não quis sair para passear.

O começo

Em outubro de 1997, 40 terapeutas brasileiros tiveram o privilégio de fazer um curso com o dr. Gerald Epstein, médico norte-americano que veio ao país ensinar sua técnica. Além de participar do *workshop*, tive a grande alegria de fazer uma consulta particular com ele.

Falei do meu trabalho e de como gostaria que ele tivesse uma vivência dele. Imagino quantas pessoas mundo afora não querem demonstrar-lhe novas técnicas de cura. Quanto à minha extrassensibilidade, ele a chamou de *gift* (dom) de Deus e disse: "Venha demonstrá-lo aos meus alunos quando estiver em Nova York".

Vinte e cinco dias depois eu estava em Nova York diante dos alunos do dr. Epstein, e assim fui trabalhando cada dia mais até que decidi ficar por lá alguns meses – eu queria estudar em sua escola, The American Institute for Mental Imagery –, cujo objetivo é ensinar técnicas que utilizam a imaginação para captar imagens e revertê-las a fim de suspender comportamentos e padrões emocionais menos confortáveis.

Durante minha consulta com o dr. Epstein, em menos de dez minutos ele foi capaz de diagnosticar meu problema emocional central e ensinou-me um exercício com imagens que eu deveria praticar durante 21 dias.

No último dia desse exercício, um amigo que eu não encontrava havia anos veio me visitar e trouxe-me um presente: um lenço de seda com uma imagem estampada – o desenho representava exatamente a imagem que visualizei por 21 dias. Quando viu o lenço, o dr. Epstein disse apenas: "Aí está o diploma que o Universo deu a você".

Convivendo com os clientes americanos, pude notar que eles têm uma maneira diferente de encarar e de usufruir dessas técnicas de ajuda que são rápidas, profundas e abreviam anos de sofrimento, dando ao indivíduo o comando da própria vida – "jardineiro do próprio jardim", como diz o dr. Epstein. Dos casos atendidos nos Estados Unidos, eu gostaria de citar a experiência com as imagens de uma terapeuta: logo nas primeiras cenas, apareciam sete paredes de tecido, todas com um zíper aberto no meio.

A última, no entanto, tinha o zíper fechado. Ao ouvir isso, ela disse que gostaria de abrir esse zíper para ver o que havia além da parede. Ao abri-lo, surgiu uma mulher na posição de parto dando à luz uma menina. Ela ficou comovida e contente, porque havia anos buscava uma forma de renascer. Sentia que, naquele momento, quebrara a última barreira que impedia seu renascimento.

Este é o caminho que dei ao meu trabalho: um caminho em que a cura se dá por vontade da pessoa a quem relato as imagens. É a vontade dela que identificará a nota dissonante da música de sua vida e, se estiver preparada – sempre estamos –, poderá transformar a melodia de toda a sua existência.

As imagens contêm todo o conhecimento que precisamos ter de nós mesmos

Para mim, o inconsciente não é um lugar. É um estado. Ele está em todo o corpo, como um gigantesco arquivo em que todos os fatos de cada segundo de nossa existência estão guardados e podem ser "consultados" de várias maneiras – inclusive por intermédio da técnica que desenvolvi, na qual essas memórias são acessadas e narradas às pessoas interessadas em saber mais sobre seu universo particular de imagens reveladoras, deslumbrantes, coloridas, movimentadas, repletas de cores, sons, palavras, códigos, sinais. Um universo em que cada partícula faz sentido, uma vez que a parte contém o todo. Um paraíso de informações que pode contar muito sobre uma pessoa, suas várias personalidades e seu estado de saúde. Por meio das imagens podemos ter acesso direto àquilo que somos e àquilo que podemos vir a ser.

No inconsciente podemos encontrar o primeiro instante em que uma emoção surgiu. É nesse estado que estão todos os nossos registros.

Costumo brincar com meus clientes dizendo que o inconsciente pode ser comparado ao gênio do conto "A lâmpada mágica de Aladim". É como se a lâmpada fosse nosso corpo e o gênio, o estado inconsciente. Por meio do externo acionamos o interno (e vice-versa), que, de maneira literal e obediente, realiza as ordens do seu amo e senhor.

Costumo também dizer que o inconsciente aprende por repetição. Ou seja, ele precisa vivenciar muitas vezes um mesmo comando para transformar aquilo numa ação ou "materializar os desejos", caso a gente decida continuar comparando esse estado ao gênio da lâmpada.

E isso funciona para o bem e para o mal. Uma criança que escuta dos pais "Você é um fraco" durante toda a infância dificilmente será forte. E, conhecendo o inconsciente (como você terá a oportunidade de conhecer daqui para a frente), fica fácil entender como ele funciona arquivando os "comandos" que recebemos, vemos, sentimos, percebemos na família, na escola, na mídia, na igreja etc.

Esses comandos ficam impregnados em cada um de nós e são obedecidos literalmente, de acordo com o *background* cultural, psicológico e social de cada indivíduo. A partir daí, passamos a ser aquilo que acreditamos e, achando que controlamos o mundo, na verdade controlamos apenas nossas crenças e ideias ou as da comunidade. E, controlando crenças e ideias, ficamos apenas repetindo comportamentos que nos dão a falsa segurança de que está tudo certo dentro dos nossos domínios. E vamos vida afora gerando expectativas nos outros e vivendo a expectativa dos outros.

Conheça o que se passa no seu inconsciente, que imagens ele reserva a você. Basta perguntar a si próprio:

— Que imagem faço daquela pessoa, sentimento ou situação?

Se você olhar com os olhos da autenticidade, verá a imagem verdadeira como resposta. A partir daí, é aceitá-la ou modificá-la de acordo com a sua *vontade.*

Repare nas campanhas de publicidade. Elas sempre insistem num mesmo comando, que é repetido milhares de vezes ao longo dos anos. Um dia você descobre que conectou a determinada marca uma crença específica que não necessariamente é fruto da sua verdade pessoal. Alguém fez você acreditar naquilo e repeti-

-lo. É assim que funciona o inconsciente. Por meio da repetição de um mesmo comando, ele o assimila como verdade e o executa. O inconsciente não seleciona a fonte da informação.

Quantas vezes já não ouvimos frases como: "Na minha família todos os homens morrem do coração aos 62 anos"? O que você acha que vai acontecer a esse homem aos 62 anos de idade? Há grande possibilidade de ele repetir a ordem, seguir a programação, executar o comando. Seguir o exemplo, cumprir o destino, viver o carma... o que você quiser acreditar.

E onde essa programação começou? No dia em que aquela família passou a acreditar que todos os seus homens morreriam do coração aos 62 anos. A mente cura ou mata, pois o organismo recebe a mensagem do inconsciente e responde ao impulso.

Repare como as pessoas começam a se queixar de cansaço e esgotamento quando o ano vai chegando ao fim – deixam de produzir com a força total de seu complexo humano, custam a sair da cama de manhã, passam o dia sonolentas, querem ir para casa no meio da tarde. O que é isso? Programação. Resposta a uma simples afirmação: o ano está acabando... eu também devo estar no fim das minhas forças.

A imagem é a linguagem da imaginação. Ela tem correlatos fisiológicos. Uma forma de ver isso é prestar atenção nas reações das pessoas quando impactadas com imagens de filmes, reportagens, situações do dia a dia ou mesmo aqueles desenhos que fazemos enquanto falamos ao telefone, estudamos ou esperamos algo ou alguém. As imagens são representações espontâneas de nossos estados emocionais. E não se esqueça de que o inconsciente trabalha num ritmo muito mais rápido que o consciente.

Refazendo a imagem, modificamos a memória. Mudando a memória, modificamos a resposta ao(s) fato(s).

No inconsciente aparece o que a pessoa precisa resolver. Tudo que aparece é simbólico. Cada dado é um símbolo que está condensando muitas outras situações similares, nas quais passado, presente e futuro se interpõem.

Não existe contradição. Existe complementaridade. Ao resolver e modificar um símbolo, resolvemos a condensação do afeto que ele contém.

Para o inconsciente, tudo é lógico, faz sentido. Qualquer coisa pode acontecer. E tudo é significativo porque faz parte do ser.

É interessante notar também que o inconsciente prefere se expressar por metáforas e símbolos, num sistema sem lógica em que a parte contém o todo.

Nos milhares de inconscientes com que trabalhei até hoje, nunca vi uma imagem triste, ameaçadora. Vi, sim, imagens extremamente emocionantes, cenas chocantes, mais criativas e *nonsense* do que de fato assustadoras. Mas, seja como for, todas são sempre interessantes e carregadas de informações preciosas. Uma coisa, no entanto, é certa: no final da história, uma imagem de esperança ou resgate surgirá como uma luz no final do túnel, animando e trazendo esperança! Acho que esse universo contador das nossas histórias prefere os contos de fadas aos contos de terror.

Para mim, o inconsciente é como uma célula fotoelétrica (milhares espalhadas por todo o corpo) que nunca para de fotografar. Só cessa durante o sono, quando então revela algumas cenas e faz o balanço do dia, oferecendo alguns *inputs* interessantes para um trabalho mais profundo e detalhado.

Acho que o pesadelo diz mais sobre as sensações do que as histórias. Por exemplo: "Eu não achava a porta para sair"; "Eu não encontrava a luz", "O trem corria disparado sobre os trilhos, desgovernado", "O quarto foi diminuindo até eu ficar sufocada", "O homem me perseguia e eu não saía do lugar".

Nossas imagens revelam nosso ser interno porque elas não estão contaminadas pelo ruído externo.

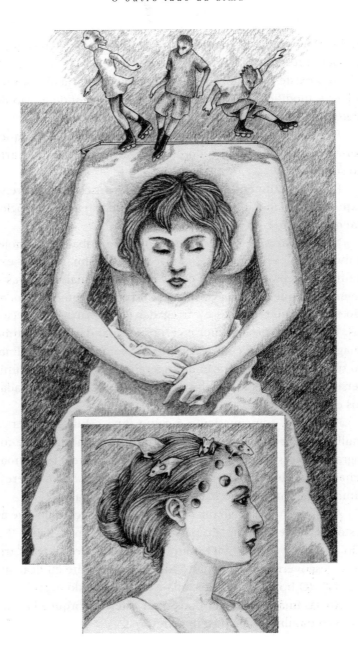

As imagens que falam sobre o estado de saúde

Um dos casos que mais me impressionaram foi o de uma cliente a quem vamos chamar simplesmente de P. (a leitura de seu inconsciente encontra-se na Parte 4), encaminhada a mim por seu médico. Logo nas primeiras imagens, e sem que eu nada soubesse a respeito, revelou-se sua doença.

Nelas, ela aparecia abrindo um zíper que ia de um ombro ao outro. Enfiava a cabeça dentro do corpo e fechava o zíper, sobre o qual pessoas pequeninas andavam de patins e skate como se estivessem numa pista, num parque de diversões.

No final da sessão, perguntei se aquela imagem específica fazia algum sentido para ela. Fiquei muito surpresa quando ela me disse que tinha tumores na cabeça, mas a família não levava aquilo a sério.

Apesar de sentir um enorme desejo de modificar a imagem, trazendo para aquela mulher informações mais positivas e otimistas – e, por que não, até mesmo um auxílio no tratamento –, não consegui convencê-la a dar esse passo. Ela estava tão centrada na doença e na infelicidade que se recusava a mudar as imagens. E como esse trabalho tem que ver com persistência, disciplina e vontade, não podemos interferir em processos individuais que estão afastados dessas qualidades.

Vitor Chumski, terapeuta holístico, deu-me uma definição maravilhosa de inconsciente:

> O inconsciente procura repouso e proteção na nossa estrutura física. O inconsciente sadio não precisa estar somatizado porque está livre, em movimento de ação positiva, de criatividade, de entusiasmo. O inconsciente encapsulado no corpo físico retém células em fase de decomposição, impedindo o nascimento de novas células e provocando assim o desequilíbrio, a desarmonia, o que é sinônimo de doença.

O inconsciente funciona como uma máquina fotográfica

Imagine que seu corpo seja a lente de uma gigantesca máquina fotográfica com capacidade ilimitada. Essa máquina funciona 24 horas por dia, todos os dias de nossa existência, desde o segundo em que se deu o encontro entre o espermatozoide e o óvulo que resultou na fecundação de mais um ser.

Creio que essa comparação poderá ser útil para entendermos como funciona o inconsciente, segundo a minha experiência.

Imaginemos, então, que vamos fotografando sem parar todos os estímulos que recebemos a cada milésimo de segundo. Isso tudo vai sendo registrado e lá fica gravado para sempre. Durante a noite (na câmara escura), algumas fotos são reveladas. As mais importantes? Não sei. Sei que, se anotarmos todos os dias as que recordamos, elas sem dúvida terão falado mais sobre nós do que toda a conversa que tivemos ao longo daquele dia. Ou acaso não é correta a máxima dos artistas "Uma imagem vale mais do que mil palavras"?

Em meu trabalho, sinto que revelo algumas fotos por sessão. A primeira delas a surgir "abre a gaveta" de onde vão emergindo outras, uma após a outra, todas contendo o mesmo conteúdo afetivo e narrando, no final, a mesma história de diferentes maneiras.

Muitas vezes, as imagens subsequentes revelam fatos que vão remontando àquela primeira imagem e explicando seu porquê.

A rotina da técnica

Se eu disser que aplicar a técnica de ler o inconsciente é muito simples, poderei passar a ideia de que qualquer um pode fazê-lo. Não sei se isso é possível. Sei que o faço há muitos anos e nunca encontrei ninguém que pudesse fazê-lo para mim. Quando quero consultar meu inconsciente, eu mesma o faço.

Quando o cliente chega ao meu consultório, não lhe pergunto nada. Nem ao menos o que o profissional que o indicou está tratando ou trabalhando. Não quero influenciar minha leitura. Recuso pistas ou informações que possam dirigir a visualização. Converso um pouco sobre amenidades, peço permissão ao inconsciente da pessoa que está à minha frente e inicio os trabalhos.

Ali, não existe estado alterado de consciência. Nem em mim nem no cliente.

Durante todo o tempo, pode-se fazer comentários, perguntas, pedir mais detalhes. Naturalmente, o resultado é melhor quando o cliente não interrompe e deixa fluir a sequência de imagens contidas naquela "gaveta".

Para captar essas imagens, uso alguns recursos básicos:

- ambiente calmo, silencioso, confortável;
- música bem relaxante e calma;
- o cliente mantém-se o mais à vontade possível (se quiser, pode tirar os sapatos, deitar no divã, sentar numa poltrona, enfim, ele escolhe).

Então, instalo uma tela mental na altura dos meus olhos e peço ao cliente para repetir três vezes seu nome completo. Começo assim a visualizar as imagens, num trabalho que poderá durar até duas horas.

Ao final da leitura, encontramos juntos o cerne da emoção que apareceu durante o trabalho. Volto à imagem mais significativa, a que melhor expressa o todo, e em seguida trabalhamos com ela, dando-lhe cor e movimento – enfim, modificando tudo aquilo que incomoda o cliente e o impede de sair do consultório com pelo menos uma nova imagem para pensar e arquivar no lugar da antiga. O organismo reconhece essa mensagem e responde a esse novo impulso.

Mudando a imagem interna, mudamos a realidade externa, o estado de saúde e todo um programa de vida viciado nas repetições do inconsciente.

Como vejo as imagens

Concentro a atenção na tela branca. Ali vejo, sinto, percebo com todos os meus sentidos as imagens, uma a uma, como se estivesse folheando um álbum de fotos animado ou assistindo a um filme no cinema.

Vou descrevendo da forma mais precisa e detalhada possível cada imagem, tentando identificar a emoção contida em cada cena – porque assim nomearei a "gaveta" que foi aberta.

Durante a leitura não julgo, não transmito meu parecer, tampouco interpreto. Narro tal como faz alguém que conta histórias a uma criança. Não deixo que meus valores pessoais interfiram no relato. Para mim, tudo que aparece merece ser contado. Todas as sessões são gravadas num pendrive, que é entregue ao cliente, que poderá me devolver o dispositivo alguns dias depois para que seja feito o relatório (uma transcrição) ou o *storyboard*, quadro a quadro.

Tenho uma pequena equipe de profissionais que trabalha comigo, auxiliando nos relatórios e melhorando os desenhos.

Quando algum médico ou terapeuta pede as minhas impressões sobre uma ou outra cena, faço-as num relatório à parte.

Costumo dizer que o inconsciente tem arquivos nos quais armazena emoções similares, ordenadas não cronologicamente, mas pelo valor da sua "impressão digital". O inconsciente repete essa impressão inúmeras vezes, de maneiras diversas.

Assim, na narrativa das imagens poderão aparecer recursos de imaginação que tentam explicar, por meio de símbolos, animais e histórias fantásticas e surpreendentes, cenas que vão compondo um quadro geral que, no fundo, fala de uma única emoção ou sentimento. Um bom exemplo dessa enorme repetição para falar de um mesmo tema é encontrado na leitura do inconsciente de Q. (veja a Parte 4).

Se uma imagem contém o todo, não seria preciso falar de tantas imagens. Porém, fico sempre encantada com as histórias e prefiro narrar as cenas até o fim para ter a oportunidade de conhecer sempre mais.

Os desenhos

Alguns clientes gostam muito de ir desenhando imagens durante a narrativa. Tais desenhos sintetizam, com intensa criatividade, dois estados diferentes: a felicidade e a flexibilidade. Também há clientes que mandam o pendrive para que um ilustrador faça os desenhos, imagem por imagem.

Uma cliente, por exemplo, transformou sua leitura numa fantástica história em quadrinhos: no primeiro dos 15 quadros, ela é uma garotinha minúscula, um verdadeiro Pequeno Polegar, que está escalando uma cômoda imensa, usando as gavetas como degraus. Sobre a cômoda há uma enorme quantidade de vidrinhos de perfume e um belo espelho, no qual ela se contempla e se vê adulta. Desce da cômoda, engatinha por debaixo da cama, onde há um urinol daqueles bem antigos, sai pela porta, atravessa um corredor – os pés do pai, de chinelos, são maiores do que ela –, sempre falando "dá-dá", rasteja escada abaixo rodeada de brinquedos e se perde num sofá imenso. Agora, é uma mulher adulta lendo nesse mesmo sofá enquanto uma menina toca piano, e vai amadurecendo – até, por fim, sair pelos ares pilotando uma pomba branca que depois se transforma numa cegonha.

É interessante notar que se trata de uma pessoa cuja profissão, para mim, é exatamente esta: parteira de vidas.

Quanto aos vidrinhos de perfume da primeira cena, achei uma delícia ver, meses depois da leitura e numa visita que fiz ao consultório dela, uma linda coleção desses objetos sobre a estante.

Como o inconsciente faz o seu trabalho

O inconsciente não só arquiva cada segundo dos acontecimentos como também os classifica e distribui entre as "gavetinhas" que guardam aquelas qualidades específicas de emoções. Ao captarmos essas emoções, veremos que elas estão na mesma gaveta em que outras de valor semelhante se encontram, ainda que elas provenham de diferentes momentos da vida daquela pessoa.

Ao ser revelada, a imagem jamais será descrita tal como aconteceu. Mesmo porque o inconsciente possui filtros que generalizam e modelam o *input* recebido de acordo com a "cesta básica" de valores, crenças, hábitos, atitudes etc. de cada ser humano. Explicando: a transfusão de sangue tem, para determinados evangélicos, valor diferente do que para o católico. Assim, caso ocorra, esse fato será registrado e revelado de diferentes maneiras em ambos os casos.

Parece que o inconsciente também registra algumas características da pessoa (ou valores, crenças, comportamentos) e classifica a imagem daquele indivíduo como sinônimo dessas características. Assim, quando quer narrar algo, "empresta" a pessoa (ou símbolo, ou figura, ou som, ou cenário) para contar o que está se passando.

Por exemplo: uma cliente apresentava uma imagem em que uma certa dona Lourdes limpava as raízes de suas plantas. Quando falamos sobre isso, ela identificou dona Lourdes com uma faxineira muito competente que trabalhara muitos anos na casa dela, uma profissional tão fanática por limpeza que desinfetava os rejuntes dos azulejos com cotonete! E foi essa pessoa que o inconsciente buscou no seu arquivo para reforçar a profundidade e os detalhes da limpeza nas suas "raízes".

No inconsciente mora a criatividade

Outra variante que tenho observado é que criamos representações internas para identificar acontecimentos semelhantes. Por exemplo: num primeiro fato sobre "pessoas interesseiras", o inconsciente o registra e depois cria representações, gerando conexões e abstrações, entre outras informações recebidas com esse mesmo conteúdo. Assim, ele poderá recontar um acontecimento no qual a pessoa teve um encontro com esse sentimento aos 2 anos de idade, simplesmente narrando a história de um macaco bajulador que vivia engabelando o leão apenas para distraí-lo enquanto roubava bananas de sua geladeira (e não é de surpreender se essa cena aparecer num desenho animado de Walt Disney).

O inconsciente é um estado atemporal. Tenho visto isso em cada "gaveta" que abro. Um cliente meu pode iniciar sua gaveta apresentando imagens de um garoto de 2 anos; na próxima, ele tem a idade real (suponhamos, 50 anos); na outra, 1 mês; na outra, 22 anos; na outra, 30, e assim por diante.

O inconsciente pode usar recursos rapidíssimos, como fazer uma pessoa passar de 1 a 50 anos andando por um túnel ou crescer sobre um cavalo selvagem que vai virando camelo ou ovelha enquanto cavalga num deserto. Pode mudar de cor, de corpo, de voz, de expressão em milésimos de segundo.

A riqueza simbólica do inconsciente é inesgotável

Minha experiência tem mostrado vivências intrigantes. Posso até entender o que os profissionais chamam de inconsciente coletivo: as múltiplas raças a que atendo revelam claramente que existem fatos "fotografados" pela maioria com mais ou menos a mesma qualidade de emoção.

Por exemplo, imagino que para todas as raças do planeta o Sol também signifique *dia, calor* e *energia*, além dos sentidos peculiares e específicos de cada cultura, enquanto a Lua significa *noite, ciclos femininos* e todos os outros conteúdos a ela agregados, dependendo da "cesta básica cultural" de cada raça. Segundo o *Dicionário dos símbolos*, de Chevalier e Gheerbrant, eis alguns desses sentidos e conteúdos:

- para os pigmeus Semong, os fueguinos e os bosquímanos, o Sol é "o olho do Deus supremo";
- entre os aborígenes da Austrália, o Sol é "o Filho do Criador";
- para os antigos mexicanos, estaríamos vivendo o Quinto Sol (após os quatro que o precederam: do tigre, do vento, da chuva (ou do fogo) e da água;
- para os chineses, a Lua é um símbolo de fertilidade;
- os povos altaicos saudavam a lua nova, pedindo-lhe felicidade e boa sorte.

É interessante notar que o denominador comum do inconsciente poderia ser a *natureza*. Seus ciclos podem ser diferentes, dependendo da região do planeta, mas em todos (ou quase todos) os lugares existem o dia e a noite, a primavera e o verão, o outono e o inverno. Tudo nasce, cresce e morre. Enfim, há uma informação básica encontrada como a linguagem comum do inconsciente. A natureza, com sua riquíssima simbologia, seria a tão sonhada língua universal que conscientemente (?) procuramos para nos comunicar uns com os outros.

O que faço com as imagens

Não analiso as imagens porque acredito que essa tarefa cabe ao e médico, ao psiquiatra, ao psicólogo ou aos terapeutas que cuidam do caso e estudaram para isso.

Algumas pessoas, no entanto, gostam de saber o que sinto em cada uma das imagens, quais são os afetos ali presentes. Outras simplesmente querem o relatório. Outras, os desenhos. Outras ainda, apenas o pendrive. Algumas querem todas as informações possíveis. Tudo isso depende do grau de colaboração que cada um encontra nessa ferramenta para um melhor diagnóstico.

Costumo brincar com alguns médicos dizendo que espero o dia em que na lista de exames de laboratório seja incluído o "ultrassom do inconsciente".

Alguns clientes, porém, como foi o caso de E., transcrevem suas gravações palavra por palavra e afirmam que esse trabalho colabora para uma melhor compreensão da mensagem. Ouvindo, escrevendo e refletindo, o cliente reescreve a própria história. Como diz o dr. Epstein, "quando um indivíduo relembra sua história pessoal, ocorre algo como uma grande reação em cadeia que contribui, em última instância, para a reestruturação de toda a família humana".

E., por exemplo, teve até o cuidado de voltar à sua cidade natal, fotografar as cenas a que as imagens se referiam e enviar-me um depoimento sobre o que sentiu do trabalho e o que fez com seu resultado (veja a Parte 3 – Um estudo de caso).

Você acredita em vidas passadas?

Muitas pessoas fazem-me essa pergunta quando entram em meu consultório pela primeira vez. Costumo devolver o questionamento: "E você, acredita?" Porque vou respeitá-la profundamente e meu comportamento será o mesmo, quer ela acredite ou não.

Veja bem, partindo do pressuposto de que as lembranças são produções de nossa mente inconsciente, parece razoável concluir (se é que é possível concluir algo nessa matéria) que não há controle disso pelo nosso cérebro (uma vez que ele não permanece após a morte). Portanto, não há censura, racionalização, controle sobre essas lembranças.

Observando o meu dia a dia de trabalho, o que percebo é que a ideia de vidas passadas poderá ser uma reconstrução *simbólica* de conflitos, que terá os contornos, a ação, o cenário e o tom dos afetos, conforme a cesta básica cultural, social e psicológica de cada indivíduo.

Na terapia de vidas passadas é comum, por exemplo, revivermos conflitos parecidos, no pano de fundo, com os que vivemos no aqui e agora, ou até mesmo conflitos que representem as projeções que fazemos de nós mesmos, dos nossos sonhos, desejos, anseios.

Ao se submeter à terapia de vidas passadas, uma pessoa que esteja vivendo hoje um difícil conflito emocional se verá vítima do mesmo conflito em diferentes épocas ou roupagens.

Para mim, é irrelevante saber se existem ou não vidas passadas. O importante é trazer à tona a reconstrução simbólica do conflito para que este seja trabalhado, compreendido, integrado, resultando numa vida mais feliz e livre para a pessoa. O fundamental, no meu entender, é transformar o indivíduo no senhor do próprio destino – o que só poderá acontecer quando ele conhecer melhor suas várias facetas e exercer sobre elas seu poder de escolha, seu livre-arbítrio.

O núcleo

Para definir o objetivo do meu trabalho, peço licença à psicanalista mexicana Teresa Robles para usar um trecho de uma de suas palestras no I Congresso Ericksoniano: "Mudando a imagem interna, mudamos o território. Trabalhar as imagens que condensam os problemas e suas relações é fazer consciente o inconsciente. É excluir as emoções negativas impressas nessas imagens. É reconstruir nossas histórias com base em mudanças da nossa realidade interna".

Pela minha experiência, que é sem dúvida muito particular, sinto que as pessoas, quando "impactadas" com as imagens que vou relatando, mobilizam de forma clara uma série de emoções.

Algumas delas riem, outras choram, outras dizem coisas como "Nossa, é verdade... Eu nem me lembrava mais disso!"

Mas a reação mais curiosa foi a de uma famosa psicanalista que logo na primeira imagem protestou: "Eu não acredito que esta imagem ainda está aí. Eu tinha certeza de que já tinha resolvido este problema e ela permanece!" Acabamos rindo juntas com sua reação.

De fato, nosso estado inconsciente trabalha com o princípio do prazer. Sem dor. Ele conta toda a história da nossa vida de maneira indireta (com a pessoa associada ou dissociada), usando para isso um incrível e inesgotável repertório de símbolos, metáforas, contos de fadas, letras de músicas, cenas de filmes, lugares do mundo todo, diferentes tipos de vegetação etc.

As imagens que surgem são condensações de muitas outras situações similares. Sempre aparece aquilo que a pessoa tem de mais urgente para resolver.

Às vezes, algumas pessoas perguntam ao final da sessão: "Vim aqui querendo ver as imagens de um assunto X e o que apareceu foi o assunto Y. Por quê?"

Minha resposta é sempre a mesma. E, bem ao meu estilo, na forma de uma metáfora. Comparo a "abertura" das imagens com a "abertura do banco", relembrando a fila que sempre se forma diante das portas minutos antes de elas se abrirem. E todos, claro, querem ser os primeiros a entrar. Mas, na verdade, quem entra primeiro é aquele que, por ter pressa, chegou mais cedo à porta do banco.

Assim é o estado inconsciente. Centenas de milhares de "gavetinhas" estão à espera para ser abertas. E, na primeira oportunidade, todas querem despejar seu colar de emoções similares. Porém, as mais urgentes, as que vão contar algo importante para aquele instante da vida da pessoa são as que surgirão claramente na minha tela mental.

E, com certeza, aquela que a pessoa estava precisando acessar: uma sucessão de fotos atemporais que vão repetir o mesmo tema tantas vezes quantas forem necessárias.

Durante o trabalho, o tema vai se aprofundando a cada nova imagem – como se fôssemos descendo por uma espiral – até atingirmos o núcleo do movimento. A partir daí, sinto que o inconsciente dá uma resumida em tudo, revelando uma imagem que representa a gaveta ou o que está previsto para ela, numa linguagem que para mim é óbvia.

Ora, se há uma gaveta específica para cada afeto e suas derivações, e se esse arquivo vem sendo construído ao longo de toda uma vida, não é difícil imaginar que o inconsciente (que parece aprender por repetição) "antecipe" a próxima foto, usando para isso recursos próprios.

Cada pessoa tem um modelo de mundo e guia sua vida por ele. Cada pessoa sabe quem é porque tem memórias. São elas que dão continuidade à vida e até a tornam previsível.

Para que serve o contato com o estado inconsciente?

Toda a nossa história pessoal está gravada no inconsciente – tanto os fatos datados quanto aqueles que não têm data (como nossos valores e crenças).

Essas memórias estão registradas pelo sistema nervoso em todo o corpo.

Pessoas sem acesso às suas memórias não têm comunicação com o inconsciente. E isso é uma verdadeira pena, porque por meio dessa comunicação temos a possibilidade de receber sinais importantes, balizadores, reveladores e indicadores sobre nosso desenvolvimento pessoal.

Veja como o inconsciente traduziu a experiência que relato a seguir. A vivência real foi esta: minha cliente acordou cedo e saiu para uma caminhada. Pegou a estradinha que liga seu sítio à estrada principal, mas logo um cachorro começou a segui-la, ameaçando morder suas pernas. Ela jogou pedras no cão, atirou pedaços de pau, e nada. O cão perseguiu-a até o fim do passeio – que, é claro, foi tenso, chato, cansativo e nada relaxante.

No final do dia, as imagens do seu inconsciente contavam a mesma história, relembrando, porém, em que "gaveta" ele tinha arquivado aquela emoção e o que havia encontrado lá para ajudá-la a pensar mais sobre o acontecimento e tirar proveito positivo dessa experiência. Estas foram as imagens:

Ela entrou num restaurante chinês com mais duas pessoas e pediu uma mesa para três. O chinês disse que ali não havia mesa de três lugares; a única possibilidade era ir a outro restaurante ali perto. Foram até lá. O segundo restaurante era sujo, horrível, e ela começou a sentir repulsa, nojo, asco por aquele ambiente e não quis ficar.

Ocorre que ela, na realidade, estava namorando um homem casado. A esposa, quando soube, passou a persegui-la. As coisas tinham chegado a tal ponto que ela resolvera passar uns tempos no sítio. E então o cão a perseguiu quando ela saiu para caminhar... Você já percebeu a conexão, não é?

O interessante é que ela foi capaz de ver que a situação abalava-a profundamente, muito mais do que supunha. E resolveu tomar certas atitudes em relação à sua vida (as quais não vêm ao caso aqui neste relato).

O fato é que a leitura do inconsciente acabou apressando um entendimento que, para ser conseguido, provavelmente demandaria mais tempo – ela teria de sonhar, anotar o sonho, levá-lo ao terapeuta (que ajudaria na análise e no entendimento) etc.

Esta é uma das grandes vantagens da leitura do inconsciente: apressar o entendimento dos processos internos.

Eu gostaria de chamar sua atenção para um ponto: o inconsciente trabalha com as emoções sem usar de violência. Não agride, não machuca, porque, creio eu, age como um mecanismo de proteção e ajuda muito na preservação da espécie.

Do ponto de vista da saúde, temos visto, ouvido e lido muito sobre isso, e parece que o registro da nossa perfeição está na memória das nossas células: o que chamo de inconsciente. É lá que estão todos os nossos códigos, o plano ideal para nossa "saudabilidade". Caso essas memórias não sejam conhecidas, respeitadas e até modificadas com a ajuda do consciente, no meu entender, poderão surgir as chamadas "doenças".

Suponhamos que um indivíduo tenha o fabuloso dom de pintar, esculpir ou escrever, enfim, trabalhar com as mãos, e não faz uso desse talento nato ou mesmo o nega, impedindo que seu inconsciente dê vazão a toda a informação que guarda, arquiva e processa. Tal pessoa será um forte candidato a ter problemas nessa parte do corpo que é, por assim dizer, a configuração física desses talentos. Seu braço dorme ou formiga, a artrose se instala – enfim, uma série de sintomas que nada tem que ver com o órgão físico, mas com o que ele está representando. É apenas uma hipótese a ser estudada por especialistas da área.

Ainda falando dos talentos manuais, pergunto: quando os sintomas se instalam, o que fazemos? Vamos ao médico da especialidade, ele olha apenas aquela parte do corpo e geralmente recomenda um fisioterapeuta, que, no final, nos manda de volta para casa com uma bolinha de espuma para ficarmos amassando o dia todo. Ironia? Não sei.

Não estou dizendo aqui que todos os que sofrem de artrose são artistas frustrados. Estou apenas dando um exemplo que ajuda a explicar minhas ideias.

O estado inconsciente também organiza todas as nossas memórias. E como faz isso? Creio que a seleção seja feita pelos conteúdos dos afetos que existem em cada vivência nossa. Então, ele reconta a história e recria o conteúdo aplicando os filtros que cada um tem, aqueles que, como já disse, estão armazenados na "cesta básica" social, cultural e psicológica de cada um.

Só para dar mais um exemplo de um ingrediente da "cesta": em alguns países, decepar a mão de um ladrão é justiça. Em outros, é sinal de barbárie. É muito importante levar essas diferenças em conta para que possamos respeitá-las e não interpretá-las. O importante é não julgar.

É também função do inconsciente dominar as emoções e comandá-las. Isso é fácil de verificar quando assistimos a depoimentos de pessoas que juram não beber ou se drogar mais, ou mesmo comer em excesso. *Por que seus atos não seguem os seus comandos conscientes?*

Para mim, é porque esses comandos não foram exaustivamente comunicados ao inconsciente, ou seja, não fazem parte, pelo menos naquele momento, do repertório novo da "cesta básica"; o inconsciente, como um escravo, continua a seguir os padrões antigos. E são esses velhos padrões que ainda estão dominando, são eles as causas mais profundas que levam uma pessoa a praticar ações contrárias às normas da preservação da espécie. A investigação, a meu ver, deveria ser muito mais profunda. Deveria explorar essa "cesta básica" até garimpar dentro dela os motivos que levam à ação, buscando *eliminar a causa* e não os efeitos. São as causas que precisam ser trabalhadas, educadas, modificadas.

As mudanças começam no inconsciente.

Mas a boa notícia é que o inconsciente aceita ordens. Sempre digo que ele é um patrão exigente, mas também um escravo obediente.

O inconsciente *aprende por repetição*.

O inconsciente é tão divino e maravilhoso, tão vivo! Ele quer saber sempre mais, e para isso procura, cria, investiga... Nunca para de aprender.

O inconsciente está sempre a seu favor.

Parte 3. Um estudo de caso

> "A memória funciona lembrando o conteúdo das vivências, usando também o simbolismo que agregamos a isso. As lembranças são a produção da nossa mente inconsciente."
> (Teresa Robles, psicanalista)

Leitura das imagens do inconsciente de E.*

1ª imagem: um carrinho antigo de bebê, de rodas grandes e capota, branco, de couro, sendo empurrado por uma mulher que calça sandálias. Vejo a cena do ponto de vista das rodas do carrinho, enxergando do pé ao tornozelo da mulher – que pode ser a mãe ou a babá, ainda não sei. Há um bebê dentro do carrinho; ele coloca a perna esquerda para fora e a balança. É um bebê gordinho, fofinho e rosado. A mulher se senta num banco de praça, como se tivesse levado a criança para tomar sol ou passear. O bebê é folgadão, relaxado, tranquilo, brincalhão... Sua perninha balançando para fora me dá essa impressão.

2ª imagem: olhando para o carrinho com mais atenção, o bebê parece grande demais; é quase um adulto, mas ainda passeia de carrinho levado por uma mulher.

3ª imagem: ele chupa um picolé, um pirulito, alguma coisa doce, dura. Oferece o pirulito à mulher, dizendo com insistência: "Você quer? Você quer, você quer?" A mulher/mãe olha para ele com ternura. Ela usa um turbante branco e, com base na roupa que usa e no carrinho, a cena deve ter se passado nos anos 1950, mais ou menos. O bebê, extremamente carinhoso, pergunta: "Você não quer, mãe? Você não quer, mãe?", insistindo para que ela aceite o pirulito. A mãe faz que não com a cabeça, mas ela é carinhosa, amorosa, não mostra no semblante nenhuma antipatia nem contrariedade. Ela acha engraçada a insistência do filho; existe uma ligação forte entre os dois.

---

* A fim de eliminar repetições, nesta e em todas as outras leituras do inconsciente, editamos o texto, eliminando informações que apareciam diversas vezes. [N. E.]

4ª imagem: a mãe diz ao bebê: "Vamos pra casa, você não quer ir embora?" Sacudindo a perninha para fora do carrinho, ele responde: "Está tão gostoso aqui, está tão gostoso aqui". A mãe aceita ficar mais, continua sentada e abre um livro para ler.

5ª imagem: o bebê, então, começa a observar a natureza. Ele olha para as árvores da praça, analisa suas folhas e descobre que naquela árvore enorme algumas delas estão ficando amarelas. O clima parece mais outonal, as árvores já enfrentam um pouco de frio. Ele observa com cuidado as nervuras das folhas, a quantidade de folhas, a copa da árvore. Seu olhar registra tudo, muito observador. Que interessante, ele pega do carrinho papel e lápis e começa a reproduzir o que vê. Por isso eu dizia que esse bebê parece adulto nesse carrinho, porque ele começa a desenhar as folhas das árvores, um tronco, um galhinho, parece que de louro. Parece haver um loureiro na frente dele. Ele gosta da textura da planta, dos "biquinhos" das folhas, das nervuras. Desenha um galho, onde põe três louros formando uma espécie de flor de lis, um símbolo composto por duas folhas de louro de cada lado e outra exatamente no centro. Ele pega o desenho e se abana, com ele, como fosse um leque, como se o símbolo o refrescasse.

6ª imagem: a mulher que estava lendo um livro adormece e não percebe que o dia fica escuro e o sol vai embora. A criança também não avisa que escureceu porque continua no carrinho, observando a mudança do dia, encantada. O bebê adora ficar observando, usufruindo, numa postura de entender o que está vendo, de procurar viver o momento. Como ela dorme e escurece, acontece um blecaute: a praça fica completamente escura, a mulher dormindo com a cabeça sobre um livro e o bebê com o pernão esquerdo para fora observando a natureza. Aos poucos ele começa a dormir e a cena fica absolutamente silenciosa.

É como se a mulher tivesse levado a criança para passear na praça e houvesse esquecido de voltar para casa, ou não tivesse percebido que anoiteceu, ou que o dia acabou, ou tivesse dormido sobre o livro e não notado que era hora de voltar para casa.

7ª imagem: dentro desse quadro tão escuro começam a aparecer olhos de gato, pequenas máscaras de olhos de gato amarelados, que brilham como se fossem lanterninhas iluminando o contorno da cena – composta pela mãe e pelo bebê adormecidos, embora o bebê chupe chupeta ou pirulito. Ele está dormindo, mas está vivo. Da mãe, a impressão que tenho é a de que ela está... não sei se morta, mas não sinto respiração nela. Os olhinhos de gato iluminam a cena como estrelas. Parece um presépio, com a Virgem Maria e o Menino Jesus.

8ª imagem: o bebê acorda, espreguiça bastante e olha para a mãe, que continua dormindo sobre o livro. Ele cutuca a mãe e chama-a com insistência. "Acorda, acorda", ele diz, e cutuca o braço dela – que olha assustada para o filho e percebe que perdeu a hora. Fica aflita, assustada, meio perdida por alguns momentos. Aquela cena parece tão complicada para ela... Está escuro, como é que ela vai sair da praça? E se fecharam os portões? Muitas coisas passam pela cabeça da mulher, mas ela pega o carrinho e sai correndo pela alameda principal até achar o portão. Sai da praça e corre pela calçada, que está toda iluminada pelas luzes da rua. Depois de correr por várias ruas, ela finalmente chega a um prédio, entra no elevador com o carrinho, para em determinado andar, toca a campainha, mas, sem esperar pela resposta, abre a porta de um apartamento e entra.

No apartamento há uma espreguiçadeira, uma poltrona grande, onde um homem dorme. Ela entra devagar, sem fazer barulho, coloca o bebê no berço, vai até a sala, liga a televisão e começa a fazer tricô, como se nada tivesse acontecido. O homem acorda e pergunta que horas são e onde ela estava. Ela diz calmamente que estava passeando com a criança, como se nada tivesse acontecido. sem deixar transparecer que perdeu a hora. Ele a questiona: "Você não está mentindo? É verdade isso? Como você ficou fora tanto tempo?" E ela, tricotando, vendo televisão, diz: "Não, não fiquei muito tempo fora, fiquei o tempo que foi preciso". E disfarça, omitindo que passou por um grande medo, um grande perigo. É um segredo entre ela e a criança. O homem levanta da cadeira, calça chinelos e, de roupão, dirige-se a um corredor, talvez vá para a cama. Passa pela mulher e diz: "Bom, se você diz que é assim, é assim". No corredor, passa pelo quarto onde está o bebê. Sobre seu berço há uma luz, como se fosse um abajur, para que ele não fique no escuro. Ele olha o bebê da porta, não se aproxima muito. Acha engraçadinho, acha bonitinho, fica feliz e vai para outro quarto no fundo do corredor. A mãe espia pela porta para ter certeza de que ele foi para o quarto e, quando percebe que o homem não está por perto, deixa o tricô de lado e tira uma capa que vestia – algo como um uniforme de enfermeira ou um jaleco de médico. Por baixo daquela capa existe uma mulher extremamente feminina, com seios fartos apertados num tipo de espartilho, num vestido vermelho muito justo, com o cabelo claro solto, cortado tipo gatinha. Ela tem unhas compridas e vermelhas, e rubro também é o seu batom. Transforma-se, assim, numa mulher muito bonita e atraente. Há uma diferença radical entre a mulher que estava com o bebê na praça e essa que surge depois que o homem foi pelo corredor escuro e entrou num quarto.

9ª imagem: não sei o que é isso, parece-me algo ligado a túmulo, algo frio. É para onde ele vai, e porque ele vai – e ela tem a certeza de que ele foi – ela se transforma numa mulher interessante, bonita, charmosa. Passa batom rapidamente e põe muito perfume, calça saltos altíssimos, abre a porta da frente do apartamento e sai, com uma bolsa bonita e pequena. Toma o elevador e desce. E vai a uma boate, uma casa noturna, um lugar cheio de gente, de fumaça, de música, um ambiente muito alegre, onde as pessoas dançam, se agitam, se exibem – as mulheres com os ombros nus. É um lugar sofisticado. Nesse ambiente enfumaçado, vemos homens fumando charutos... e ela dança, meio exibicionista, chamando a atenção. Talvez beba em excesso, ou quer se divertir em excesso, quer se sentir viva, o oposto daquela mãe "protótipo" que estava sentada naquela pracinha, lendo um livro, usando turbante. É o oposto, uma gata, uma mulher extremamente atraente, charmosa.

10ª imagem: no entanto, ela volta para casa com os sapatos na mão, cabisbaixa, infeliz. Parece que algo não a preencheu, faltou, não era isso que ela queria, não conseguiu encontrar ali algo que a fizesse voltar para casa cheia de brilho e de alegria. Ela volta humilhada, o vestido arrastando no chão. Ao entrar no apartamento, pé ante pé, passa pelo quarto do bebê e senta no chão, ao lado do berço. Vê-se que sua maquiagem está borrada. Ela provavelmente chorou.

Sentada no chão, ela chora. O bebê lhe agrada, consola. É comovente ver quanto essa criança gosta da mãe e tenta não sei se compreendê-la, mas agradar-lhe. Ele acaricia os cabelos da mãe e ela diz: "Viu como eu sou infeliz? Viu como a minha vida é cheia de problemas? Eu não consigo encontrar a felicidade em lugar nenhum. Eu ando todo dia e saio em busca dela, e não consigo encontrar, eu não consigo ser feliz". O bebê responde: "Você vai ser feliz um dia, você vai ser feliz um dia" e passa a mãozinha na cabeça dela. O cabelo dela é muito bonito, muito sedoso, muito claro. Ela pergunta ao bebê: "Posso dormir no seu quarto hoje?" Ele não diz nada, mas ela dorme no quarto com ele.

11ª imagem: vai amanhecendo e o bebê fica em pé no berço observando o dia nascer, porém entre a persiana da janela. É como se o sol entrasse coado no quarto e ele olhasse para o sol. O sol ilumina os olhinhos dele – ele até tem de fechá-los um pouco. O bebê desperta a mãe: "Acorda, mãe, acorda que está na hora de acordar, você tem de trabalhar". Ela responde: "Eu não quero acordar, eu não quero". E ele retruca: "Você tem de acordar, você tem de trabalhar, toma um banho, tomar o café. Eu vou preparar o café da manhã para você". A mãe responde: "Eu não quero ir, eu não quero ir, eu não quero trabalhar, eu quero ficar aqui no seu quarto, eu me sinto muito protegida aqui".

E ele diz: "Não, você precisa trabalhar". E ajuda-a a levantar-se do chão, onde ela dormiu. Ele cuida dela: banha-a, faz o café da manhã para ela. Ele põe uma veste branca na mãe – um jaleco, um guarda-pó, um traje de enfermeira ou de médico. Abre a porta, deseja que ela consiga ter um bom dia e fecha a porta.

12ª imagem: o bebê arruma a casa – ele parece ser responsável por essa tarefa. Enquanto arruma a casa, tira o pó dos objetos, cozinha, lava e passa, ele canta. É engraçado que do quarto onde entrou o homem – que é uma coisa fria, parece – sai uma energia azul, uma luz azul, como se o cômodo fosse de neon ou lá houvesse um altar, uma capelinha. É um lugar onde bebê não entra, ele sabe que está lá. Ele varre até a porta desse quarto, mas não a abre. Há um Cristo ou uma Nossa Senhora em alto-relevo na porta. Imagens ligadas à Igreja.

13ª imagem: o bebê põe um disco na vitrola. Mexe no braço da vitrola, limpa a agulha, faz a música tocar e ouve-a com muita alegria e prazer, entendendo as notas. Essa criança compreende a natureza, compreende a beleza. Dança com a música, cresce com a música e transforma-se num adolescente. É como se ele tivesse uma rotina, uma rotina tão igual todos os dias que nada muda ao seu redor. O apartamento é pequeno, a sala é pequena, o corredor é pequeno, o quarto não é muito grande, a cozinha é pequena, tudo parece pequeno. Como ele se transforma num adolescente e cresce, o apartamento parece tornar-se ainda menor.

14ª imagem: como adolescente, nota-se que é uma mulher e não um menino, pois está sentada no sofá de três lugares da sala, fumando e lixando as unhas com as pernas cruzadas, balançando-as com impaciência. Lixa as unhas por um longo tempo. Não sei, tenho a impressão de que ela diz que a mãe nunca mais voltou. Daquele quarto no fundo do corredor, continua a ver a luz azul, de neon. Ela não entra. Não sei o que está lá dentro, pois como sempre a porta está fechada; parece uma porta de sacristia ou de mausoléu. É uma coisa fria, que lembra a porta do túmulo dos meus avós: de bronze, adornada por um grande anjo da guarda e rodeada por mármore preto. Lembra um pouco isso, mas como sai uma luz azul-claro lá de dentro ainda não consigo precisar do que se trata.

Essa menina, então, está sentada lixando as unhas, de pernas cruzadas, um pouco inquieta. À esquerda dela há uma janela quadrada grande, de vidro, por onde ela avista coisas. Ela vê um paredão branco, como se o prédio onde mora estivesse colado a outro prédio, o que a impede de vislumbrar o horizonte. Trata-se de uma parede branca de pastilhinhas ou de outro material branco. É uma cena um pouco angustiante, já à esquerda há esse paredão branco, à direita há a porta de entrada (fechada) de onde ela parece dizer que a mãe não voltou e, no fundo, existe essa espécie de sacrário. A porta da cozinha está aberta.

15ª imagem: a luz da cozinha está acesa. No cômodo há uma mesa com quatro cadeiras, posta para o café da manhã. Porém, ela está posta à moda dos europeus – especialmente os suíços e os franceses. Eles tomam leite numa tigelinha, não na xícara. As tigelas são brancas. No fogão, há uma chaleira com água fervendo. A chaleira apita, você se levanta do sofá, pega a chaleira e desliga o fogo – uma chama bastante intensa, possante. Derruba a água nessas quatro tigelinhas e dilui leite em pó. A palavra "cocaína" aparece de vez em quando, flutua sobre a casa ou o ambiente. Você faz essa mistura do leite em pó – acho que é leite em pó, embora o termo "cocaína" apareça – e bebe as quatro tigelinhas, ocupando os quatro lugares da mesa.

A impressão que se tem do apartamento nesse momento, que classifico como adolescência – embora você ainda tenha cara de adolescente –, é de extrema solidão, porque o imóvel na verdade está vazio e você tenta preencher os papéis de todos – pai, mãe e filhos –, tomando o leite da família, vertendo para si o conteúdo do lugar do pai, do lugar da mãe, do lugar de um suposto outro filho e do seu lugar. E assim o seu inconsciente distribui a mesa: pai na cabeceira, você na outra cabeceira, mãe à sua esquerda e um provável irmão ou irmã do seu lado direito – parece-me uma mulher. Há nessa cozinha também um fogão a lenha, e a lenha está queimando, aquecendo uma chapa na qual há uma panela de pressão em plena ebulição. Sei disso porque ouço aquele barulho típico e vejo o vapor saindo da válvula. É muito interessante... Essa cozinha tem uma divisão muito tênue que marca campo e cidade. É como se nela coabitassem dois ambientes: um mais rústico, de fazenda, provavelmente do Sul do país ou de Minas Gerais; e um mais moderno, composto pela cozinha branca. Ambos os cenários parecem remeter aos anos 1950, 1960.

Embaixo do fogão a lenha há uma espécie de toca, onde a lenha é enfiada. Ela está abastecida, tem muita madeira para queimar. Sobre o fogão há um caldeirão de três pés. Parece aqueles caldeirões das histórias de bruxa que a gente ouve quando é criança. Há algo fervendo dentro dele, um caldo. Alguém tira o líquido com uma grande concha e o serve em pratos – parecem de ágata branca, são bonitos, com um friso preto em volta – e oferece às crianças. É interessante notar como nessa cozinha existem duas realidades: uma família cheia de filhos com alguém que serve a sopa e a solidão de uma pessoa que está só no apartamento, desempenhando quatro papéis. E é como se a lembrança desse fogão a lenha com as crianças e a sopa (muito ligada à mágica) fosse uma lembrança quente, que acalenta, que amarela o cenário, põe nele uma cor sépia, do passado, porém quente – em contraponto à imagem quase hospitalar da cozinha organizada, mas fria. Há nitidamente essas duas visões, essa imagem dividida ao meio por uma névoa, uma cortina de fumaça, que separa a cozinha dourada da cozinha higienicamente limpa e organizada. Numa há fogo que arde, há mão generosa, há sopa quentinha, há calor, amor; na outra, parece estar tudo vazio. Há eficiência, sem dúvida, mas também muita solidão e frieza.

A cozinha da direita – a quente – tem uma cortina xadrez vermelha e branca, de babadinhos, e uma janelinha, uma graça. É uma casa de campo. Não sei por que me lembra o Sul do país, um lugar frio, mas lá fora passa vaca pastando, tem cerca, tem cisterna, tem riozinho, é algo poético, parece de repente os Alpes, a Suíça.

As vacas estão felizes, paira no ar uma grande harmonia, porém não há pessoas; não consigo ver pessoas, consigo ver coisas e a mão que serve a sopa.

A cena se abre um pouquinho e é como se surgisse a presença de uma avó, de uma senhora. Ela me deu a impressão de que ia se revelar, mas não entra na cena. Talvez seja uma empregada ou uma babá, não sei. Não vejo rostos nem corpos, só a mão que serve a sopa.

Há alguém tocando violino, mas só vejo um braço. Trata-se de uma imagem muito forte: é como se fosse um esqueleto vestindo *smoking* e tocando violino. Com muito sentimento ele encosta o rosto de osso no instrumento e toca-o na cozinha. Atrás dele há uma claraboia, uma janela pequenina. Em tudo lembra o exterior. Isso para mim tem que ver com guerra, com refugiados, com o Norte da Europa, talvez até com judeus escondidos em guetos, algo que lembra opressão. Por essa claraboia, essa janelinha, a impressão que se tem é que isso está se passando num porão, não à luz do dia e não numa casa ao nível do chão. Talvez seja um nível muito profundo do seu inconsciente.

Esse fogão de lenha é feito em desníveis, como se fosse uma escada, e do teto começam a sair formigas ou uma serpente, não sei, que vai descendo por essas escadas de forma disciplinada.

Na parede lateral do fogão existe uma porta. Essa porta é aberta e range; há muito tempo ninguém a abria. Você passa por ela, menina, com uma lanterna na mão, desce uma escada pequena e chega a um celeiro, um lugar forrado de feno. Você penetra profundamente nesse lugar, buscando alguma coisa.

É como se você estivesse procurando algo muito difícil de achar, como uma agulha no palheiro. Parece Diógenes... Dizem que ele andou o mundo todo com uma lanterna na mão dizendo: "Hei de achar um homem virtuoso". É esse o contraponto que vem: "Eu hei de achar, por mais difícil que seja, eu hei de achar, por mais profundo que eu tenha de ir, eu hei de achar".

E você me diz: "Viu? Olhe ele lá. Viu como ele está adormecido naquele canto?" E você vai se aproximando do homem, pisando no feno macio. Mas ele parece estar num caixão, morto. É impressionante como o seu inconsciente está preso a imagens de morte – suas ou de outras pessoas, não sei. Dentro do caixão há um homem de terno preto, bem vestido, e você diz: "Se a história funcionar, eu vou despertá-lo com um beijo". E ele responde: "Não, senhora, não é a mulher que beija o homem, é o homem que beija a mulher para despertar a Bela Adormecida", e faz gênero. Diz: "Eu estava me fingindo de morto para assustar você", e a agarra e beija – descontraindo um pouco a cena e trazendo finalmente, graças a Deus, o humor de que ela precisava. Depois que vocês se beijam, ele sai do caixão e vocês sobem a escadinha debaixo do fogão a lenha. Vocês saem pela porta, que você fecha com cuidado. Em seguida, você pendura o homem do violino, deixando-o como ele é, um esqueleto para ser estudado, não um ser vivo.

A velha que serve a sopa é muito grande, é enorme. Você sai do porão contando a história de João e Maria, que saíram de casa mas foram deixando pelo caminho pistas para conseguir voltar. É como se você estivesse fugindo de uma madrasta ruim e indo para outro lugar, seguida pelo João, pelo homem.

Você caracteriza toda a sua história como se fosse exatamente a de João e Maria, como se você tivesse passado por um inferno de bruxas e fantasmas e castelos assombrados. Porém, ao finalmente encontrar o homem no fundo do porão, depois de vivenciar tudo isso, você foge com ele da casa da bruxa, desse castelo enfeitiçado que você tentou no começo mostrar como uma coisa boa, mas aos poucos foi tingindo com um imaginário ligado às histórias de feiticeiras, de pessoas más. E é muito bonito como isso evolui, porque você abraça o homem e diz: "Nós vamos ser felizes, nós vamos ser felizes". E ele a abraça de volta e afirma: "Nós vamos ser felizes". Nesse abraço, por trás de vocês dois, forma-se o símbolo do infinito. Há uma integração entre esse menino e essa menina até no tamanho: eles têm a mesma altura. E há uma certeza do inconsciente, que diz assim: "Eles vão ser felizes, eles vão ser felizes". E você vira para trás e diz: "Eu vou ser feliz, eu quero ser feliz, eu escolhi ser feliz". A cena termina nessa afirmação, nesse ponto, nessa imagem final.

Um estudo de caso

Depoimento de E.

Certo dia minha terapeuta falou-me sobre Izabel Telles. Ela disse: "Conheci uma maga". Contou-me como Izabel surgira em sua vida e quanto ficara curiosa diante daquela nova possibilidade: fazer a leitura das imagens do inconsciente. Consultara Izabel, fizera a leitura e ficara muito impressionada com tudo o que tinha visto e ouvido a seu respeito.

Essa leitura é uma espécie de raio-X, ultrassonografia, ressonância magnética ou tomografia computadorizada – enfim, um tipo de exame que também vê por dentro. Só que bem mais fundo.

Depois de me explicar do que se tratava, minha terapeuta pediu que eu fizesse essa leitura, pois poderia nos ajudar muito. Disse que eu deveria ficar atenta a qualquer impedimento, qualquer sinal de porta fechada, armadilha, alçapão ou passagem secreta – seriam símbolos nos quais estaríamos interessadas naquela fase do tratamento. Essa foi minha "lição de casa" naquela semana. E eu, como boa adepta e hoje muito bem envolvida por esse assunto, porque percebo nitidamente o que já mudei, marquei uma consulta com Izabel Telles.

Dei um telefonema e logo informei quem havia indicado seus serviços. Foi o que bastou para obter o dia e a hora da minha consulta e uma simpática vaga na garagem dali a alguns dias.

Fiquei numa grande expectativa durante toda aquela semana. No dia marcado, lá estava eu, meia hora antes do combinado. Ela chegou pelo elevador, olhou-me e disse meu nome. Concordei com um gesto de cabeça e sorri. Ela abriu a porta e entramos numa sala muito aconchegante, de muito bom gosto, com cores, luzes e música suaves. Ocupamos as poltronas, tomamos água e ela introduziu o trabalho: "Eu não entro em nenhuma espécie de transformação, eu não tenho tremeliques nem nada".

Izabel fez uma pergunta à qual todo mundo sabe responder, mas ninguém dá a mesma resposta. E a única coisa que ela fez foi fechar os olhos e falar, falar, falar. Falar de pessoas, de lugares, de objetos e de situações. São visões, imagens fortes, que fluem dessa mulher que vê você pela primeira vez.

Como não chorar no meio de uma história que descreve a cortina xadrez vermelha e branca com babados da janela da cozinha da casa em que você morou na infância? É impossível não acreditar quando ela fala numa "toca" existente atrás do fogão a lenha – essa toca era o lugar onde eu colocava os pés nos dias frios do inverno do Sul e lia gibis despreocupadamente, enquanto a mãe tricotava, a irmã fazia pipoca e a babá cuidava de não deixar o fogo apagar. Essa babá tem hoje 85 anos e ainda mora com a minha mãe. Nas imagens, Izabel reconhece uma mulher velha que mexe a sopa e a serve às crianças. Coincidência? Eu acredito em algo muito mais impressionante, em um dom mesmo, em uma pessoa sensitiva que descreve imagens e pode nos ajudar a compreender muito melhor as coisas que estamos sempre buscando.

Enquanto ela contava a minha história, eu ia editando essas imagens, ia relembrando os lugares, as pessoas, os objetos. E a história continuava e era muito familiar. Os impedimentos apareceram: porta fechada, paredão, coisas que andam me bloqueando e das quais preciso ir atrás, descobrir o que são. Tudo isso faz parte de um processo de autoaprendizado.

Neste ano, por ocasião da morte do meu pai, voltei ao lugar onde vivi na infância e fui até nossa casa com a intenção de fotografar algumas coisas que apareceram na leitura do meu inconsciente e ainda estavam lá. Fiz questão de levar todo esse material para a Izabel. Para mim era uma prova; para ela, uma confirmação.

Esse trabalho continua presente na terapia, ele não envelhece, não se perde. Mexer com ele é sempre uma surpresa, uma nova descoberta.

E hoje, seis meses depois de ter feito a leitura do meu inconsciente, tudo faz sentido.

As fotos tiradas por E.

Foto 1 – O corredor

Esta é a porta do quarto no fundo de um corredor que aparece na oitava, nona, 11ª e 12ª imagens. Descrita como se fosse a porta de uma capela, de um sacrário e com Cristo em alto-relevo, era a porta do quarto dos meus pais. Observe que há, realmente, uma cruz em relevo. Lá dentro havia mesmo objetos de igreja, como narra a história. Minha mãe tinha muitas imagens de santos em cima de um móvel, quase formando um altar. Esse quarto era um lugar que respeitávamos muito, nunca entrávamos sem bater, nunca mexíamos em nada sem pedir. Essa porta fechada – e sempre apareceu fechada até que eu pedi para ser aberta – era um dos impedimentos aos quais eu deveria estar atenta, conforme o pedido da minha terapeuta. Foi emocionante poder entrar nesse lugar sagrado.

Foto 2 – A janela

Fotografei esta janela na parte externa da casa para explicar a 11ª imagem, que fala de uma luz que entrava coada através de uma persiana (na verdade, uma veneziana). O desenho feito pela Izabel para ilustrar essa imagem mostrava exatamente como eu, deitada na minha cama, via a hora em que o sol começava a entrar e anunciar que havia amanhecido.

Foto 3 – O fogão a lenha

Na 15ª imagem surge um fogão a lenha, feito em desnível numa cozinha caracterizada como muito branca, quase hospitalar, com uma espécie de "toca" atrás, onde a lenha era enfiada. Aí está, tal qual a cena descrita. Embaixo dessa cozinha, existe ainda hoje o porão de que fala a história.

Foto 4 – A claraboia

Foi por esta claraboia, a janelinha, que Izabel Telles enxergou todas as imagens da cozinha. É uma janela alta, na parede da cozinha, que dá para a lateral da casa. Não é branca como o resto da cozinha porque a casa é de madeira, e as paredes de madeira eram pintadas de outra cor. Ao lado da janelinha havia uma janela maior, a da cortina xadrez, e a paisagem era exatamente como narra a história: vacas, cercas, riozinho, muito frio, muito poético e no Sul do país.

Parte 4. Algumas leituras do inconsciente

"As emoções estão intimamente conectadas com as imagens. Cada emoção pode manifestar a si própria como uma imagem. Há uma maneira simples de constatar o que estou dizendo. Simplesmente procure 'ver' algum sentimento seu no momento. Se estiver feliz, pergunte-se com o que sua felicidade se parece [...] asseguro-lhe, uma imagem lhe ocorrerá. Essa é a sua imagem. Ninguém mais no mundo vê exatamente a mesma imagem. Essa é a expressão visual do seu sentimento. As imagens dão forma às emoções."
(Dr. Gerald Epstein, *Imagens que curam*, Editora Ágora, 2009, p. 323)

Q. – Uma história fantástica

Na narrativa das imagens podem aparecer recursos de imaginação que tentam explicar, por meio de símbolos, animais e histórias fantásticas e surpreendentes, cenas que vão compondo um quadro geral que, no fundo, fala de um único sentimento ou emoção. Aqui você lerá a história fantástica de um dos meus clientes. O material encontrado no seu inconsciente foi extremamente útil para seu processo de análise, que ainda não havia tocado nesse tema.

1ª imagem: a primeira cena que aparece é uma quadra de tênis. Há uma rede separando a quadra. Essa rede é de um amarelo bem escuro. Dois tenistas estão jogando. Engraçado, ambos se parecem com você como é hoje. Jogam com agilidade, escorregando no saibro vermelho. A bola vem exatamente no centro da raquete, quase em câmera lenta. A batida na bola é feita com uma força muito medida, calculada, exata; a força é posta na bola para que ela encontre seu destino.

Um dos jogadores – que, como eu disse, é parecido com você, como se você tivesse um irmão gêmeo – bate a bola do lado direito para o lado esquerdo da quadra, onde está seu parceiro. Ele se transforma num menino muito pequeno, como se você estivesse medindo forças entre um homem grande, formado, e um muito pequeno, que não tem condições de receber essa bola tão precisa, tão tecnicamente colocada. É como se houvesse um adulto experiente, forte, preciso, jogador de muitos anos, com a certeza absoluta de onde colocar a bola, jogando com um menino. Este tem na mão uma raquete tão grande quanto a do profissional, porém, coitado, é difícil para ele alcançar essa bola. Ele usa fraldas, ainda tem as pernas curtas, é como se fosse um anãozinho correndo atrás da precisão, da técnica, da velocidade e da altivez do tenista que desliza no saibro como se fosse um bailarino. O homem joga para o menino, que, embora seja muito pequeno, não se furta a buscar a bola. Vai meio desajeitado e, com dificuldade, tenta empurrá-la. A bola passa por baixo da rede, não por cima, e o adulto ri dele, magoando-o de certa forma, pois ele está se esforçando, quer acertar. O adulto senta-se num banco com as pernas abertas, esfrega uma toalha na testa, enxuga o cabelo e o pescoço, bem-humorado, rindo do pequenininho que não consegue nem sentar na cadeira, muito alta para ele. O pequeno mostra admiração, respeito e até paixão pelo adulto, que também tem carinho por seu admirador. Sinto que o pequeno quer dizer o seguinte ao grandão: "Pegue-me no colo, ponha-me na cadeira ao seu lado; quem sabe se percebermos as nossas diferenças você entenda que eu preciso primeiro de uma raquete pequena, depois de uma média e depois da grande, e que eu vá crescendo de acordo com o tamanho da raquete". Porém, ele não consegue falar. Talvez o adulto não esteja conseguindo perceber o olhar dele, que pede compreensão, ajuda, amparo e amor. O menino não está achando graça na situação.

2ª imagem: a segunda foto dessa gaveta é desse mesmo menino. Ele me mostra uma hípica, ou uma fazenda, um lugar onde se criam cavalos. Mostra um cavaleiro, talvez um jogador de polo, triunfante sobre um cavalo deslumbrante, bem tratado. O homem bate com um chicotinho curto nas ancas do animal; ele sabe guiá-lo de maneira precisa. É um treinador experiente, mas de velho não tem nada. Com altivez, ele domina o cavalo, controlando-o de forma precisa, com muita técnica. Leva o animal com rédea curta. Ele tem um bridão, o freio, as argolas. Cada vez que o cavalo tenta escapar do controle do homem este puxa o arreio e a dor lembra o bicho de que precisa obedecer ao comando desse velho treinador, jogador ou corredor – não sei ao certo de quem se trata. Seu inconsciente não descreve esse homem por palavras ou por expressões, mas monta essa figura de um general, de uma pessoa altiva. Já o menino é um anão, um adulto num corpo de uma criança. Ele olha para o treinador e para o cavalo deslumbrado e o homem ri, como se dissesse: "É tão fácil..." Mas o menino faz que não com a cabeça, querendo dizer: "É fácil para você que já chegou aí, para mim não é". O homem então ordena: "Tragam um cavalo como o meu", e surge um belo cavalo preto. A pose do cavaleiro é perfeita – até eu melhoro minha postura porque fico com vergonha de estar largada aqui na cadeira, para você ver como ele é disciplinador. Então ele ordena que coloquem o menino sobre o cavalo, que está sem sela. O bicho é alto, arisco, e mantém as orelhas em pé, desconfiadíssimo. O homem chicoteia esse cavalo e ele dispara. O menino cai para trás, tenta se firmar, mas treme, treme porque realmente tem medo, e joga o corpinho para a frente, buscando algo para se segurar. Porém, não há nada! Ele se debruça sobre o pescoço do cavalo, procurando pegar as rédeas. Então o menino aperta as coxas contra a coluna do cavalo. Há um atrito, uma lembrança, uma memória de dor, de desconforto e incapacidade. Ainda não sei o que a cena vai mostrar; não houve, nessa primeira experiência que o inconsciente está contando, um amortecedor entre o menino e o animal – embora o primeiro use fralda, o que poderia diminuir o impacto. O fato é que o menino olha para os lados enquanto o cavalo corre em disparada. Ele evoca os santos, como se estivesse rezando: "Alguém me ajude!" Mesmo com a pouca idade já evoca o santo de proteção, mas procura a mãe em primeiro lugar: "Se a minha mãe estivesse aqui, ela me ajudaria a pôr uma árvore na frente para o cavalo bater a cabeça e sentar". Ele grita: "Manhê, manhê, manhê!", e o treinador vem a galope atrás, rindo e dizendo: "Geme, pode chamar que ela não vai vir, ela não está aqui, pode chamar". O menino chama a mãe, mas sabe que ela não vai ajudá-lo. O homem tira sarro da situação: "Não adianta, você vai ter de crescer e segurar as rédeas do cavalo, demore o tempo que demorar". E quando você consegue segurar as rédeas desse cavalo, já está grande, cansado e desconfiado, desprotegido, esgotado, exaurido. Tomba sobre o lombo do cavalo e segura as rédeas mais por imposição do que por vontade própria. De qualquer maneira, o cavalo está desgovernado, fazendo o que ele quer, porque você está muito cansado para guiá-lo. Eu diria que o seu inconsciente mostra você hoje em cima desse cavalo, ainda com o rosto virado para o lado direito, encostado na crina do animal. Com as rédeas na mão, sem dúvida nenhuma, porém afrouxadas. Você parece dizer: "Estou cansado, foi muito duro controlar esse cavalo, foi uma vida inteira para isso". Esse cansaço choroso, eu diria, é um cansaço triste. Se os olhos pudessem falar, eles chorariam. O animal já não galopa, perdeu o vigor; simplesmente anda, os cascos batendo sobre uma calçada de paralelepípedos, como se estivesse em Ouro Preto ou em uma cidade do interior. Quando a ferradura bate na pedra, saltam fagulhas. É como se você tivesse viajado muitos anos para chegar a esse lugar. O cavalo também está deprimido, com a cabeça cansada; perdeu a altivez, as orelhas apuradas, o radar da sensibilidade extrema. Tem uns cabelinhos brancos na grande estrela que marca sua testa, uma estrela linda. Nosso herói está cansado em cima do cavalo e parece um pouco triste, mas, enfim, aprendeu a controlar o cavalo. Porém, o bicho tem o quarto traseiro absolutamente selvagem, livre e pronto para voltar a empinar ao primeiro sinal de perigo. É como um centauro ou um minotauro: metade bicho selvagem, metade homem que pensa. O inconsciente traz para você esse elemento belíssimo, forte, meio homem, meio bicho; meio sábio, meio selvagem; meio razão, meio emoção; um homem dividido, partido na altura do que seria, talvez, o diafragma desse ser fantástico. Desse órgão para a frente é homem, dele para trás é um bicho ágil, de cauda deslumbrante e pelo vistoso. Trata-se de um arquétipo milenar do inconsciente coletivo que habita essa fotografia com uma presença radiosa, forte, poderosa, altiva, orgulhosa, embora traga no nariz uma argola – o que me inspira a dizer que há uma corda que, se presa nessa argola, poderia levar o minotauro a qualquer lugar, pois a dor seria forte demais para ele. Interessante que agora seu inconsciente parece se sentir à vontade para mostrar que uma criança puxa o minotauro, que essa criança que foi vencida no tênis pode inverter o jogo e puxar o minotauro pelo nariz, pelo faro, pelo órgão que filtra o ar e instila a vida no organismo. Note que não estou falando de um tourinho, e sim de um gigantesco minotauro, mas que abaixa a cabeça e se deixa puxar mansamente como se fosse uma vaca tonta de curral por esse menino, pequenininho, pelas ruelas dessa... parece uma vila, lembra-me uma cidade do interior, até talvez fora do Brasil.

3ª imagem: na sequência dessa foto, o menino leva o minotauro até uma fonte de água – por isso eu te digo que me lembra Mariana, Tiradentes, essas cidades de Minas onde há grandes recipientes para os animais beberem água. Ele puxa o minotauro (que também parece aquelas ovelhas enormes) até a fonte e com a concha da mão dá de beber ao animal. Agora parece um camelo, é uma coisa enorme, que vai mudando de forma. Ao dar de beber ao bicho, este lambe a mão do menino e ele sente cócegas e ri um riso infantil. Sente tanto prazer nisso que continua dando água ao animal.

O menininho pequeno aponta o dedo para o bicho e diz calmamente: "Vou subir na sua corcova e dominar você, e você vai fazer tudo que eu quiser, vai me obedecer em tudo, nos mínimos detalhes, como eu lhe obedeci. Vou te pôr num picadeiro, num cercado, e vou te puxar por esta corda até você ser domado. Custe o que custar, você vai andar em círculos nesse picadeiro até cansar. E, quando você cansar, vai deitar. E quando estiver deitado, como um camelo, vou te chicotear com meu chicote curtinho para que você sinta exatamente a dor que eu senti quando você fez o mesmo comigo e eu disparei sem ninguém para me amparar. Você vai sentir tudo que eu senti, vai gritar pela sua mãe e eu vou dizer: 'Minotauro não tem mãe, minotauro se autoprocria'. Você vai gritar por socorro e eu vou dizer que a Socorro não pode ajudar. Você vai ver como é duro... Vou te pisotear com as minhas esporas". Você mostra uma espora com cinco pontas e bate no estômago. "Até você sangrar. Quando você estiver bem mansinho, bonzinho, disciplinado e condicionado, vou estalar os dedos, você vai se abaixar, eu vou subir sobre você e você vai fazer tudo que eu quiser."

É interessante que o discurso do menino faz que o minotauro se afaste dele e tente fugir. A seguir, vem uma foto desse menino com 4, 5, 6 anos, de chapéu, numa fazenda talvez, dando de mamar a um bezerrinho numa mamadeira de gente. O bezerro foge da mamadeira, como se reconhecesse que aquele garoto não é sua mãe. Foge daquele bico de plástico que não lhe é natural. Na história desse boizinho, um bico de plástico não significa uma teta de vaca, então ele foge. O menino corre atrás dele choramingando e reclamando: "Ele não quer". Há um homem alto ao lado dele, impecável, austero, com a coluna ereta, que diz: "Ele vai ter de mamar, você vai ter de conseguir". E o menino chora: "Ele não quer". Quer dizer, o menino compreende a linguagem do bezerrinho, mas não pode contrariar as ordens desse homem enorme. O menino bate nas botas do homem. Como enfrentá-lo? Então ele tenta enfiar o bico na boca do animal, mas este se recusa. Então o homem bate o chicotinho na bota, dizendo: "Vai ter de mamar na mamadeira". E ele retruca: "Mas ele não quer, mas ele não quer". E o pai: "Mas vai ter de mamar!" O menininho pensa: "Se a minha mãe pudesse pôr uma tábua atrás do bezerro, ela seguraria o bezerro para mim, ele não conseguiria fugir e eu poderia lhe dar a mamadeira. Ele experimentaria o gosto do leite e mamaria". Você

O outro lado da alma

IZABEL TELLES

tem esse pensamento e olha para o homem grande, mas ele faz que não com a cabeça. É como se tivesse adivinhado e negado seus mais íntimos e bem-intencionados pensamentos.

O fato é que o bezerro continua fugindo. Você entra no curral pisando naquele estrume todo, determinado a fazer o bicho mamar, embora o ambiente seja insalubre. O bezerro percebe onde está a mãe dele e dá uma guinada, sai no galopezinho dele de bezerro. A mãe o acolhe num retiro, onde está de resguardo, talvez ainda se restabelecendo do parto. Protegido, o bezerro puxa a teta da mãe e mama confortavelmente. O homem pega a criança pela orelha, puxa-a até a altura dele, pega a outra orelha e olha para ele, dizendo: "Você vai aprender a fazer o bezerro mamar na mamadeira". E solta o menino no chão, que cai daquela altura e chora. Depois, o homem simplesmente vai embora. Em prantos, o menino passa a mão no cabelo, para se consolar ou para sentir certo prazer, e mama a mamadeira que era do bezerro. Ele vai mamando, mamando até tombar e dormir. E, quando dorme, está num berço, com grades. Entra uma mulher, que olha para ele com muito carinho, com a alegria que a mãe sente quando o filho finalmente dorme. A mãe diz: "Finalmente você dormiu, foi um dia muito agitado. Você precisa descansar". E faz menção de tirar a mamadeira dele – que abre os olhos e, como adulto, pede à mãe: "Não me tire a mamadeira, não me alimentei direito, eu ainda preciso do leite, eu ainda preciso de você". Como adulto. Essa é a paisagem na foto. Ela olha para fora do quarto para se certificar de algo e, escondida, dá o peito a você. Quando isso acontece, você volta a ser criança e sente um enorme aconchego por mamar num seio humano, na mãe que o aconchega e, escondida, lhe dá privilégios. Você tira a boca do peito e afirma: "Não quero mais privilégios escondidos, somente públicos. Quero testemunhas para os meus privilégios e não quero mais nada escondido". A mãe pergunta: "Você quer liberdade?" Ele assente e diz: "Se for possível". Ela responde que é possível e ele pergunta como. A mãe responde: "No seu peito". Ele abre a camisa e diz: "Mas eu não tenho peito". Ela ri – "Não seja literal" –, pega o bebê no colo e diz, de forma muito pausada, como se a criança tivesse dificuldade de entender: "Eu... amo (faz um coração)... você". E bate no seu peito, no esterno. E de novo: "Eu... amo (faz o coração)... você", e bate no esterno. "O importante é que você não se esqueça disso nunca." O bebê pergunta: "Nunca?" E ela responde: "Nunca". Então sai do quarto e fecha a porta. Ao se ver só, ele repete: "Eu... amo... você". Parece que ele aprendeu. É como se fossem duas pessoas convivendo numa só.

J. – O amor ideal

Outro caso interessante é o da publicitária que veio me procurar também a pedido de sua terapeuta. Ela estava em processo de análise havia muitos anos e não encontrava o "nó" central de sua história emocional. A sessão até poderia ser lida como se fosse um conto: mostra que o tema da vida dessa mulher na faixa dos 40 anos é encontrar um relacionamento que corresponda aos seus ideais de amor perfeito. Num encontro posterior com a terapeuta dessa cliente, fiquei sabendo quanto as imagens haviam encurtado o caminho para trabalhar o conflito.

1ª imagem: a primeira imagem mostra uma menina muito pequena usando um vestido rodado, sentada num jardim de arbustos que ela identificou como a casa de seu avô. Parece-me que ela é parte desse jardim, parte desses arbustos. Seu vestido lembra um abajur. Ela está em pé como se fosse um cogumelo espetado no jardim. Ela roda, como uma bailarina de caixinha de música; vai rodando, e nas pontas da sua saia há ventosas que parecem os tentáculos de um polvo. Aqueles alvéolos nos tentáculos vão abrindo e fechando, respirando. Desses alvéolos escorre um líquido; é como se eles estivessem despejando água.

Algumas leituras do inconsciente

É também como se eles fossem o bico de uma jarra por onde estivesse escorrendo água. A água é pura e cristalina. É como se houvesse um barril de água atingido por uma rajada de metralhadora; algo foi furado, arrebentado.

Se pensarmos num barril, eu diria que os tiros teriam sido dados exatamente na metade dele, na cintura, embora seja uma cintura convexa. A água escorre num jato contínuo e fino, tanto do lado esquerdo como do direito. São umas "biquinhas" cuja pulsação lembra a do coração.

Com os dedos das mãos ela vai tentando tampar esses buracos, mas não consegue, pois seus dedos são muito finos e pequenos em relação aos buracos.

A rajada de metralhadora separou o corpo dela em duas metades; parece haver uma briga entre essas duas partes. A de cima quer romper com a de baixo, quer aproveitar a ocasião para dividir o corpo. A parte de baixo tenderia a ir para o lado direito e a parte de cima, para o esquerdo. Há uma luta pacífica e finalmente esse corpo se abre como uma laranja e tomba exatamente como tomba uma laranja quando é cortada ao meio, mas uma membrana permanece unindo as duas partes. Até que uma machadada é dada nesse pedaço de pele que segura as duas metades e, então, elas se separam. As duas se dão as costas e caminham em direções opostas, mas não muito, porque voltam a se encontrar depois de um tempo, unindo-se vigorosamente como um portão que se fecha, como um encontro estrondoso entre dois metais. São dois pratos de uma banda de metais que se encontram. Há uma união, um cerzido, um remendo, uma cola, um enorme desejo de formar de novo um todo, que é posto de pé. A roupa é arrumada, a fim de desamassar o estrago que foi feito, e a menina continua, então, no seu jardim – como um cogumelo; inteira, não mais partida, não mais dividida.

2ª imagem: trata-se de uma janela baixa de madeira onde está colocado um sapatinho de verniz preto. Essa janela é tão baixa que bate na cintura da menina.

Há uma cama com uma colcha de retalhos de crochê. Há também uma cômoda com espelho e a imagem de uma santa, além de uma bacia e um tapete. O quarto, bastante simples, está organizado. O pé-direito é alto, com ripas de onde pende um lustre. O cômodo denota certa ordem e devoção a uma estátua ou a uma santa, uma virgem. A menina pula essa janela, sobe na cama e se cobre – é o quarto dela, provavelmente. Então encosta a cabeça na cabeceira e dorme, e se transforma, nesse momento, numa adulta. Há uma profunda tristeza nessa mulher, seus olhos estão úmidos, e ela provavelmente está recolhida para chorar. A cena denota solidão, mostrando que o quarto é muito grande. Há excesso de espaço entre ela e o teto. Há um enorme vazio. A higiene dessa casa, tudo no lugar, a falta de desordem, o previsto, a rotina causam nessa mulher uma sensação de isolamento, de solidão, de tristeza. Ela passa a mão na barriga e sente-a vazia, sente os ossos sobre a pele, sente que está desnutrida, sem vitalidade, sem forças. Dos seus olhos sai um raio laser. Ela vira para a esquerda, depois para a direita e a luz acompanha o movimento, deixando um zigue-zague colorido. A menina sente um imenso calor na cama e joga as cobertas longe. Senta-se com os braços cruzados, bastante aborrecida, descontente, emburrada, contrariada. Ela levanta, abre a porta, espia e vê uma sala de jantar vazia, à meia-luz. Descobre que está sozinha na casa. Sai do quarto vestindo uma camisola branca de algodão muito maior do que ela, e o tecido arrasta no chão. A menina percorre a casa e não encontra ninguém. Há um quarto onde há risos de prazer, e ela tenta alcançar a maçaneta. Então entra e encontra um casal na cama, que se beija e provavelmente está fazendo amor. Ela espia esse casal agachadinha e também usufrui desse prazer. Imediatamente ela cresce, torna-se adulta, assistindo à felicidade dos outros sem participar dela. Ela sai desse quarto adulta e tem muito cuidado para não fazer ruído ao fechar a porta. Anda pé ante pé num corredor imenso, olhando as portas dos quartos fechadas e sentindo que por trás delas existem casais usufruindo de felicidade e companheirismo. O corredor parece interminável, como se fosse uma esteira rolante com começo e fim conectados. Depois de andar muito, ela se cansa e cai, penetrando a esteira e tornando-se ela própria a esteira. Há um movimento contínuo e repetitivo sem que exista nenhuma saída, criatividade nem mudança no movimento. É como se ela tivesse caído na areia movediça, tendo plena consciência de que outras pessoas ao seu redor ou habitantes desse corredor usufruem de uma vida dinâmica a dois, menos ela – que parece estar correndo atrás do próprio rabo. À frente da esteira-mulher surge um homem com sinalizadores para avião que mostra placas nas quais está escrito: "Padrões, padrões de comportamento repetitivos, padrões sempre seguidos, confortáveis padrões cômodos que não permitem que se arrisquem novos caminhos, que se busquem novas soluções, padrões conhecidos e confortáveis que acomodam, deformam, eliminam qualquer capacidade de ir à luta em busca de novos caminhos, optar pelo mais fácil, ficar menos dolorido, mesmo que para isso a própria vida tenha de ser sacrificada e condensada e espremida numa rotina contínua de vaivém". O mesmo homem que aparece sinalizando essas palavras começa a abanar as placas usando condições de vida para que a mulher saia da esteira e consiga quebrar essa rotina, esse ciclo, essa mesmice. Ele a atrai para si e ambos deixam a casa abraçados, em direção a um quintal e depois a uma rua. Ele vai sinalizando como se ela fosse uma aeronave, fazendo os procedimentos de aterrissagem, balizando os movimentos dela e os caminhos que deve seguir. A mulher se entrega, submissa, de cabeça baixa, parece não ter vontade própria. Ele a cega porque põe à sua frente as rapadeiras com as quais gesticula para taxiar o avião, e ela tem visões parciais do caminho. Mas vê também escuridão: é como se ela tivesse *flashes* de liberdade, mas estivesse efetivamente sendo guiada pelo homem. Então ele a põe num carro, vendada, e começa a dirigir. Tudo sugere um rapto. Ela tem uma atitude bastante passiva, talvez de absoluta confiança, e lhe agrada ser conduzida sem poder manifestar a própria vontade.

O carro vai em direção a uma estrada; há uma ponte e ele passa devagar sobre ela, observando o rio lá embaixo. Trata-se de um enorme precipício, mas ela está de olhos vendados e não enxerga nada, apenas percebe que o carro diminui de ritmo. O homem para exatamente no meio da ponte, sai do carro para observar o rio e cai, rolando no espaço até se espatifar lá embaixo, nas pedras e na água. Ela tira a venda dos olhos porque ouve um impacto; sente que algo aconteceu e se debruça sobre a mureta da ponte. Quando vê, também se atira e também vai rolando pelo espaço, e cai sobre ele morta também. A queda dos dois um sobre o outro, de braços e pernas abertos, forma o desenho de uma estrela.

R. – As mãos paralisadas

Recebi em meu consultório um fazendeiro de 50 e poucos anos, portador de uma estranha doença que não lhe permitia movimentar livremente as mãos. Além de duras e inchadas, elas descamavam e se abriam em feridas profundas e dolorosas ao extremo. A medicina tradicional já havia esgotado seus recursos, e senti que R. estava sofrendo muito. Iniciei a visualização e já na quarta imagem conseguimos movimento, fazendo subir uma pequena chama num fogão a lenha que estava frio, sem fogo, sem calor. Algum tempo depois, o cliente informou-me que suas mãos tinham melhorado consideravelmente – também foi importante a contribuição de um médico antroposofista a quem confiei o caso.

1ª imagem: um garoto de 9 ou 10 anos está sentado à beira de um riacho com os pés dentro da água. Tem na mão direita um caniço e está pescando. Vira-se para mim e diz: "Eu sou um pescador de peixes grandes e baleias". Eu respondo: "Mas neste riacho só existem lambaris".

2ª imagem: um cavalo selvagem passa por esse riacho. O menino agarra a crina do cavalo e salta sobre ele, segurando o rabo do animal com a outra mão, mostrando um domínio total sobre este. Ele galopa e grita: "Sou um domador de cavalos e éguas!".

3ª imagem: o menino galopa por um imenso campo deserto, onde se vê ao fundo uma casa típica de fazenda. Ele rodeia a casa várias vezes sobre o cavalo e parece ser difícil entrar nela.

Observo o interior da casa e noto que ela está completamente vazia e abandonada. De dentro, no entanto, vem uma música do rádio. Trata-se de um bolero cantado por Elis Regina: "Sentindo um frio no meu peito, te convidei para dançar... são dois pra lá, dois pra cá". Ele desce do cavalo e entra na casa. Na sala há uma mesa com uma moringa cheia de água e dois copos vazios. Vamos até a cozinha e nela há um fogão a lenha gélido, apagado há muito tempo.

4ª imagem: vamos juntos até o fogão a lenha. Peço que ele acenda o fogo. Ele tenta e não consegue. Debruçado sobre o fogão, balança a cabeça para expressar sua exasperação. Sugiro que ele vá até o quintal e pegue da jabuticabeira uns gravetos secos e inicie o fogo com eles. Ele faz o que peço, não sem grande dificuldade, e consegue acender uma pequena chama. Repete várias vezes: "Eu não consigo... eu não consigo... eu não consigo..."

5ª imagem: o menino me mostra suas mãos e diz que elas são os escudos que ele usa para se defender de tudo e de todos. Diz que suas mãos nunca fizeram um pacto de amor, não se entrelaçam com outras mãos, não se flexibilizam. Bate com o dedo indicador da mão direita em todos os outros dedos, enumerando mulheres com as quais teve relacionamentos, mas estes deixaram marcas de dor e de frustração nas suas mãos. É como se elas segurassem todos os seus problemas: escudos que o protegem e o afastam do mundo – ou um depósito de emoções mal resolvidas, frustrações, desamor.

6ª imagem: ele mostra novamente as mãos endurecidas e inchadas e indica que elas estão conectadas com o coração. Seu coração está guardado dentro de uma caixa de fósforos. É bem pequeno, está encolhido. Não há os palitos na caixa. Novamente parece clara a ausência do elemento fogo.

7ª imagem: o menino está deitado num quarto grande, com pé-direito altíssimo. Ele olha para o teto paralisado, absolutamente só e impotente diante da altura.

8ª imagem: o inconsciente pede a ele que quebre a rotina, deite do outro lado da cama, mude o trajeto de todos os dias, os hábitos e as atitudes. Pede amor, flexibilidade, pacto com compromissos, espaço para mudança.

As doenças desenvolvidas por R. parecem-me ter também origem no seu inconsciente, que, por meio da imobilização das mãos, sinaliza quebra de contato com o mundo externo, falta de flexibilidade e dificuldade de se engajar em relacionamentos inteiros, profundos, verdadeiros. Noto que é difícil para ele abrir e fechar as mãos no movimento universal do "dar e receber". Talvez exista como pano de fundo uma depressão se instalando, em consequência de todos os sentimentos negativos que ele carrega, construindo no sistema total dos seus planos existenciais uma matriz repetitiva que percorre o ciclo do "Como não consigo, não faço, e não faço porque não consigo".

S. – A busca do autoconhecimento

Conheci S. quando ela voltou ao Brasil depois de longa estada na Europa. Madura e experiente consultora editorial, foi-me apresentada como a pessoa capaz de analisar um livro que eu havia escrito sobre planejamento pessoal. Durante nossa conversa sobre a obra, convidei-a a conhecer o meu trabalho. Como S. não estava fazendo nenhuma forma de terapia ou tratamento, pedi-lhe que descrevesse como essas imagens contribuíram para seu autoconhecimento – o que você encontra ao final deste relato.

1ª imagem: um cais, um porto, um ponto de partida. Alguém abraça S. e diz "adeus". Essa separação é mostrada como num quadro da imigração italiana. Todos de preto, com a certeza de que a partida é para sempre. Alguém segura um lenço branco, indicando que a partida é pacífica, mas não há nenhuma conotação de viagem de férias. Parece ser uma jornada para a "América", em busca do recomeço. O mar por onde viaja o navio – um transatlântico de longo curso – é bem escuro. O cais está brumoso, cinzento, porém é antigo, sólido, forte.

2ª imagem: há uma relação entre essa viagem e a jornada da arca de Noé: "Choveu 40 dias e 40 noites", como se a travessia tivesse sido difícil. Uma travessia sem estimativa de tempo. Porém, há um pássaro que traz no bico um raminho verde, parecendo querer sinalizar a existência de terra firme.

3ª imagem: o grande navio aparece novamente mostrando S. absolutamente só, debruçada no convés olhando para o horizonte, muito pensativa. A embarcação está completamente vazia. S. começa a cantar um trecho de uma música em inglês: *When I was just a little girl / I asked my mother, what would I be / Will I be pretty / Will I be poor / Here's what she said to me / Que será, será / Whatever will be, will be* (Quando eu era pequena perguntei à minha mãe como seria o meu futuro: serei bonita? Serei pobre? E ela respondeu "O que tiver de ser será. O que tiver de ser será".)

4ª imagem: o grande navio não é sofisticado. S. olha para mim e diz: "Quem vê navio não vê lastro. Eu trago neste navio um enorme porão cheio de lastros". Ela me faz compreender que esses lastros não estão expostos, e sim armazenados no porão, na parte submersa. Imediatamente S. começa a enumerar o conteúdo do lastro: "Conhecimento, sabedoria, vivência, experiência, mágoas, saudades, desconsolos, desencontros, medidas que foram desmedidas, ajustes e desajustes, encalhe e desencalhe, portas, porcas e ruelas, machos e fêmeas, caixa de ferramentas, alicates, tesouras, lixas de unha, cereais, ratos e queijos". Ela esclarece que o queijo deve ser dado aos ratos para que eles não comam os cereais. Há também ao longo de todo esse lastro argolas dependuradas em correias de couro, como aquelas que existem no transporte público.

5ª imagem: nesse lastro há a imagem da sereiazinha do conto de fadas infantil. Ela está cercada por sete anões que a olham fixamente como querendo protegê-la. Eles a observam com amor e fascínio, impedindo qualquer aproximação. Vigiam essa "deusa" com a tenacidade de trabalhadores responsáveis e incansáveis.

6ª imagem: S. agora está sentada na cama da Branca de Neve e diz: "Eu sou uma Branca de Neve que não foi libertada do feitiço da maçã. Meus anões tomam conta da sereiazinha e não vêm tomar conta de mim. A história está errada, porque os anões devem tomar conta da Branca de Neve até que surja o príncipe. Eles não vêm à minha casa porque estão olhando a estátua, enquanto eu fico à espera deles aqui". A mantinha que a cobre revela que a espera deve mesmo ser muito longa, porque ele está todo puído.

7ª imagem: vemos agora que Branca de Neve mora numa casinha pequenina, como que saída da história *Alice no país das maravilhas*. Ela parece grande demais para essa casa tão pequena. O cobertor que a cobre é tão pequeno que deixa os seus pés calçados com sapatinhos velhos e puídos para fora. Com o dedo indicador da mão esquerda, S. alcança a janelinha da casa sem sair da cama. Interessante notar que os vidros são emoldurados em quadrados (tipo grades), o que dá uma impressão de prisão. Por isso, a paisagem que se avista é enquadrada dentro da perspectiva de quem está no cárcere. Com seu imenso olho esquerdo, S. olha a paisagem – um campo verde, onde pastam carneiros e sopra uma leve brisa. Há um grande penhasco debruçado sobre um mar. A paisagem tem uma força digna, vital, simples, secular, forte, valente, natural, confiável. A Branca de Neve é também uma controladora de carneiros, sem, porém, escravizá-los.

8ª imagem: pergunto a Branca de Neve se ela não quer sair da cama, que é muito pequena para ela. Ela imediatamente concorda e, numa rapidez supersônica, pula da cama. Primeiro põe os pés no chão e começa a exercitá-los, como se eles estivessem adormecidos há muito tempo. Procura levar sangue aos pés. Ela os massageia vigorosamente, assim como todo o corpo, tentando desgrudar a pele dos músculos. Fica de pé e agita todo o corpo, como se precisasse oxigenar a circulação. Começa a dançar pela casa, revelando grande prazer. Convém lembrar que tudo se passa no interior do lastro que está no fundo do navio.

9ª imagem: a Branca de Neve sai da casa e se dá conta de como esta era pequena. Ela sai comparando essa dificuldade a um parto. Põe as mãos na cintura, olha à sua volta e exclama: "Meu Deus, o meu porão!" Imediatamente, começa a correr pelo porão tentando identificar todo o seu lastro de uma só vez. Faz isso com tanta pressa e ansiedade que não consegue abrir as caixas, os tonéis, as caixinhas, os livros, os diários, os missais, os santinhos, os extratos de banco. Corre de um lado para o outro revirando tudo que vê pela frente, sacode, espia, destampa. Encontra uma cômoda infantil. Abre todas as gavetas, tirando de dentro paletozinhos, sapatinhos, mamadeiras, cueiros e fraldas, e vai dizendo: "Eu vou achar... eu vou achar... eu vou achar". Revira cestos de roupa suja e percebo que ela está em busca de uma correntinha de ouro, na qual há uma medalhinha dependurada. A medalha tem um fundo esmaltado com a imagem de uma santa coroada. A santa parece ser mexicana, uma figura bonita que tem aos pés algumas pedras nas quais estão dragões, cobras e outros répteis.

N. – Sob anestesia

A oportunidade de visualizar imagens com uma pessoa anestesiada surgiu em maio de 1997, quando finalmente consegui permissão de um cirurgião para permanecer no centro cirúrgico enquanto minha cliente, psicóloga na faixa dos 30 anos, se submetia a uma operação plástica. Confesso que eu tremia tanto que o gravador sacudia no meu colo. Ver uma pessoa ser operada não é fácil. Precisei de meia hora para voltar a respirar no meu ritmo, mas consegui. O mais surpreendente é que a leitura mostra apenas cenas de sonhos, fantasias e calma permeando o estado inconsciente da paciente. Fico imaginando quanto esse trabalho não seria eficiente em estados de coma ou diante da impossibilidade de comunicação.

A primeira imagem é de uma criança correndo na praia, de braços abertos, em direção ao mar. O mar está absolutamente calmo, de um verde muito claro. Não sei se vejo isso porque eu me impressionei com a posição cirúrgica – o paciente fica de braços abertos –, mas é dessa maneira que a paciente corre pela praia.

Ela entra no mar sentindo grande alegria. A água está gelada, o que lhe provoca forte impacto, especialmente no rosto e no cabelo. A criança se delicia com a água fria. O clima é ameno, agradável.

Há muita alegria na praia. Vejo crianças bem pequenas rodando em volta de uma fogueira. Rodam para um lado e para o outro, batendo os pés como se fosse um ritual bastante selvagem, algo muito antigo. Talvez uma dança ancestral feita por meninas. O elemento feminino predomina.

A fogueira do centro da roda crispa. O fogo não é alto nem há fumaça nem muito calor. A roda se desfaz e as meninas ficam de frente umas para as outras, e dançam se cumprimentando. Elas vão para trás dando três passos, depois três passos para a frente, três passos para trás; a dança é bem ritmada.

No fundo do mar, no horizonte, veem-se golfinhos e baleias saltando, uma verdadeira festa na água. Não encontro nenhum sinal de sofrimento, nenhum sinal de desconforto. É uma paisagem marítima das mais alegres.

A menina roda na praia, feliz, contente, com sua saia rodada; e roda, roda, roda com grande alegria e os braços abertos.

[A cirurgia começa a ser preparada]

Na cena da praia continua a haver aquela dança da qual já falei — a dança dessa menina que roda de um lado para outro extremamente feliz e contente. Provavelmente há um momento de descanso. Ela não está sofrendo em nenhum momento.

[As luzes foram acesas, a cirurgia vai começar.]

O inconsciente continua a revelar a imagem dessa menina dançando na praia, absolutamente feliz! É interessante porque ela só usa saia. Com os seios desnudos, ela parece querer mostrá-los à natureza. Sua saia, cheia de sianinhas, é muito rodada.

Ela continua dançando na praia, segurando a saia e rodando, com um sorriso enorme no rosto. É comovente ver a felicidade no inconsciente dessa menina – que ignora a presença da equipe médica e se concentra apenas nela. Ela não se sente sozinha. Existe uma sensação boa de força, de doçura! Ela vira o rosto para o sol, para a brisa que vem do mar. Ela se expõe ao sol como se este fosse um espelho, como se ela estivesse mostrando ao mundo traços de ingenuidade, de coragem. Uma coisa meio hedonista, meio corajosa, meio despojada.

[Nunca imaginei ver cenas tão tranquilas num momento aparentemente tão dolorido.]

Passa uma carroça puxada por um pangaré. Ela sobe na carroça deitada de braços abertos, tomando sol. Há uma grande sensação de prazer e de agradável calor. A carroça para numa casa de fazenda antiga. Ela desce com o peito nu, entra numa trilha bem antiga e começa a procurar algo. Então encontra uma cômoda cheia de gavetas e começa a remexê-las, tirando coisas de dentro delas.

[Nesse momento, na sala de operações, o cirurgião corta o seio direito, introduz nele uma canopla e aspira gordura da lateral do corpo, mais precisamente embaixo da axila direita.]

Ela abre as gavetas e vai cutucando, procurando coisas, até que encontra um álbum de retratos no qual vai sendo registrada toda a vida da criança.

Ela abre o álbum. A primeira foto mostra uma criança sentada num carrinho de bebê. A segunda página, dupla, tem uma árvore genealógica cheia de lugarzinhos, provavelmente para pôr o nome das pessoas ou as fotografias, mas parecem estar vazios. A terceira dupla parece ter um ossinho de cachorro.

Depoimento de N.

Tomar a decisão de fazer uma cirurgia plástica demandou anos da minha vida. Como sou organizada e detalhista, levantava todas as hipóteses possíveis sobre as consequências de fazê-la ou não.

Porém, um dia, decidi. Decidi e aceitei que Izabel Telles permanecesse na sala para acompanhar a cirurgia. Dias depois, ouvi a gravação e discuti os detalhes com minha analista.

Engraçado que há muitos anos recebi de minha mãe um colar de pérolas que tinha sido da minha avó e sempre me recusei a usá-lo, porque havia nele uma conotação de envelhecimento. Por meio das imagens, percebi que na verdade aquele colar contava a história da herança feminina da minha família e, ao tomar conhecimento disso, consegui me apropriar de valores que até então desprezava. Iniciei assim um trabalho de resgate de conteúdos femininos adormecidos bem no fundo de mim.

Só agora percebo a força desse colar de pérolas, que me envolveu e estimulou a reconstrução/o resgate do meu corpo de mulher, da minha beleza, sensualidade e sedução.

D. – "Produzindo" um filme

D. é uma cliente muito especial. Tem 38 anos e trabalha com cinema. Veio encaminhada por uma amiga e gostou tanto que volta uma vez por mês porque quer reconstruir sua história de vida. Ao fim de cada sessão, reescreve, baseada na transcrição, uma história que, combina-

mos, vai virar roteiro de filme. É impressionante verificar como as cenas revelam seus principais conflitos. Em nosso último encontro, ela me fez ver quanto havia mudado. De fato, percebi que seu rosto espelhava outra maturidade e seus olhos pareciam mais felizes e serenos. Perceba com que carinho D. trabalha suas imagens. Põe títulos, pontua, muda os tempos dos verbos, organiza, abre espaços. É lindo ver como ela trabalha sua cura sozinha.

A carroça

Primeira cena e seguintes: um homem velho é visto de costas. Passeava, vestindo calça e colete pretos, camiseta básica branca e chapéu preto. Ia guiando uma carroça, puxada por um cavalo, numa estrada bucólica, em paisagem de campo, muito plana e verde.

Não, o homem não é velho. Olhando de frente, ele é moço, tem bigodinho e assobia contente, levando a carroça, cuja pequena caçamba está vazia. Está bem-vestido. Seu chapéu tem abas pequenas e indica ser de uso social. A carroça é quadrada, tem molas e rodas de pneu. Ele vai sentado em um banco de madeira com dois ferros para apoiar as mãos. Olha para o lado onde o sol se põe. Gosta do que vê, parece tranquilo.

À frente da pequena estrada, a vegetação rasteira não impede a visão do horizonte. Nada interfere no pôr do sol, nem à direita, nem à esquerda. É quando surgem à frente árvores grandes, uma alameda, um túnel onde tudo muda de sol para sombra. O condutor adentra esse túnel de árvores que se entrelaçam. Encolhe, abaixa, sente algo como medo, insegurança, perde a descontração; algo o oprime. A vegetação alta o impede de ver o horizonte. É como se o dia tivesse repentinamente virado noite, sem que o tempo tivesse mudado. Sai da claridade, entra na escuridão e fica desconfiado. Olha atentamente como se usasse uma máscara de Batman, tendo apenas os olhos de fora. Olha pelos lados... muito desconfiado, muito assustado.

O homem bate no cavalo para apressá-lo. O cavalo puxa a cabeça para a direita, como se quisesse olhar para o homem. E este força o animal a andar mais rápido, para atravessar logo o túnel escuro formado pelas árvores. É um cavalo comum, castanho-claro e de crina curta, com as narinas muito abertas: capaz de escoicear. Um cavalo com personalidade, que até percebe a angústia de seu dono. Ele olha para o homem e abre as narinas como se pensasse: "Espere aí, eu vou no meu ritmo, não adianta ficar nervoso. Vamos devagar que a gente chega". Ele participa, com as narinas, temperando a aflição do condutor. Tudo indica que esse animal tem um limite que se impõe por meio da fúria.

Mas o condutor está realmente com pressa e diz: "Vamos, vamos, seu moloide, você anda devagar demais... quando eu mais preciso de você, você anda devagar..." E bate no cavalo, que começa então a andar com o corpo para a frente e o pescoço esticado com a cabeça virada para trás, com as ventas muito abertas, num esforço para olhar o cavaleiro.

O cavalo não está muito contente com a maneira como está sendo conduzido. Não está entregue ao dono. Apesar da servidão, não obedece a ele de boa vontade. Contrariado, é capaz de se tornar furioso se for impelido a correr por muito tempo dessa maneira, pois prefere ir em outro ritmo. Há uma dissonância entre o ritmo do condutor e o ritmo do cavalo. E isso talvez não tenha sido conversado entre eles porque o condutor tem uma pressa movida pela angústia, pressionado pelo escuro e pelo pouco espaço, e o cavalo parece não sentir essa angústia. Como não houve um diálogo, o cavalo está de certa maneira refugando a situação. Mas, mesmo assim, ele anda, executando uma marcha normal, ligeiramente apressada, embora não olhe para a frente.

O condutor continua enraivecido com o cavalo. E repete: "São uns moloides; a gente precisa e não pode contar com eles. Vê se isso é jeito de levar uma carroça... Em vez de essa mula, de essa besta olhar para a frente e ir direto para a luz do fim, ele olha para mim como se eu fosse a luz e o fim. Não sou eu, é lá na frente". E puxa a rédea violentamente, com a mão esquerda, reclamando muito: "A gente não pode contar com os outros, nunca, nunca se pode contar".

O túnel termina num orifício extremamente pequeno, quase a boca de um funil. (Sensação de canal vaginal = passagem de uma luz para outra através de um túnel escuro e muito pequeno.)

A imagem está fixada num túnel que acaba na boca de um funil, onde existe uma carrocinha guiada por um cavalo e conduzida por um moço. De repente, a cena toda está envolta numa película, como uma bexiga ou camisinha, e é solta no ar. Essa é a evolução da imagem. Ela não passa pelo buraquinho.

A bolha, os trancos

A película está flutuando como uma grande bolha. E entra em cena a mão de um adulto com uma agulha. A agulha estoura a bexiga. A carrocinha vai ao chão e, graças ao molejo que tinha, sacoleja, mas permanece intacta, e o homem continua a guiar o cavalo.

O cavalo agora relincha, solta ar úmido pelas ventas e então galopa, com o homem feliz na carroça saltitante pela estrada que já não é tão uniforme – é esburacada, tem pedras. A paisagem muda. O solo é crestado, diferentemente do anterior, que era fértil, bonito, confortável. Mas a carroça vai agora aos trancos e barrancos com força plena. O cavalo olha para a frente.

A carroça com o homem para num posto de gasolina. Parece um posto antigo, tipo Velho Oeste, com bombas redondas. E o condutor grita para o frentista: "Alcaçuz, alcaçuz, çuz, çuz".

O mesmo moço da carroça, ainda com as mesmas roupas do início, tem no ombro direito um pássaro sentado, quieto. Um azulão, um pássaro preto, talvez um corvo. E o moço grita e repete: "Alcaçuz, çuz, çuz". O frentista fica olhando e não entende. Eles não se comunicam, não falam a mesma linguagem. Ele continua: "Alcaçuz, alcaçuz, alcaçuz". O pássaro então olha para ele e para o homem do posto várias vezes, de um para o outro, e pensa no que vai fazer para que o moço, que está com o braço levantado dizendo "alcaçuz", consiga se comunicar com o frentista do posto. O pássaro então bica a axila do condutor da carroça como um pica-pau. Faz cócegas e o moço ri e não consegue falar mais nada. Então as coisas se complicam ainda mais, pois o frentista entende menos ainda quando o pássaro faz o moço rolar de rir. O pássaro diz ao frentista: "Ele é gago, ele queria dizer 'Ai, que susto' e não consegue; parece alcaçuz, mas não é; é 'Ai, que susto, ai, que susto'". Diz isso com muito bom humor, querendo ajeitar a situação.

Mas o frentista quer saber o que ele quer. Por que parou num posto de gasolina estando numa carroça com um burro, um cavalo? O pássaro desce do ombro do condutor para o chão, que é de terra e pedregulhos. Anda com botas, como um caubói, e quer arrumar briga. Com o bico, empurra o frentista para dentro. Ele se move de costas, amedrontado, até que entra. Então, o pássaro fecha a porta e bate as duas asinhas como quem, depois de um ato heroico, dá seu trabalho por encerrado. Pula no ombro do moço, bate a asinha no rosto dele como quem diz "Mais um foi vencido" e vai andando para a frente.

A ponte, o desejo

A carroça continua. O corvo assobia, o homem guia e o cavalo relincha e corre. O ritmo da cena é acelerado. Há sincronicidade entre o cavalo, o corvo e o homem. Há um entendimento grande entre esses três elementos.

Eles passam por uma ponte que lembra a do filme *As pontes de Madison*. O inconsciente mostra a carroça atravessando aquela ponte e o barulho exato do casco do cavalo na madeira. Na película, um fotógrafo decide fotografar pontes e se apaixona por uma mulher casada, e há entre eles uma coisa maravilhosa... Enfim, essa história passa pela carroça quando ela atravessa a ponte. Há no inconsciente a fotografia desse filme, como a buscar a indicação para o momento em que a carroça atravessa a ponte em sincronicidade com seus elementos: o cavalo, o cavaleiro e o pássaro.

A carroça continua por uma estrada bastante bucólica, pequena, estreita, de madeira. Lembra muito os caminhos de Monte Verde, Campos do Jordão... aquelas estradas que vão por entre a floresta, fazendo curvas, serpenteando...

De repente, a estrada afina e revela-se uma grande serpente. O fim da estrada é o rabo da serpente, bem fininho. Mais uma vez, há um estreitamento de caminho ao fim do percurso. Mais uma vez, a estrada bucólica e tranquila vista de cima é uma grande serpente com o rabinho estreito por onde a carroça vai passando.

Há no seu inconsciente uma relação entre guerra e paz, claro e escuro, prazer e perigo, o bucólico e o perigo. Não que a serpente seja maligna, mas é grande e gorda, uma jiboia que serve de pista para a carrocinha.

Quando o condutor chega ao fim desse caminho estreito, sem saída, como o final de uma espiral que acaba e recomeça do outro lado, fica em dúvida, pensativo, calculando o que deve fazer. Está calmo, embora à beira de um precipício. Pensa. Meneia a cabeça: "Que atitude vou tomar diante dessa realidade?"

Então, ele inverte o cavalo. Levanta toda a frente da carroça com os eixos onde está preso o animal e, por sobre a própria cabeça, vira tudo para a frente; assim, o cavalo volta pelo caminho pelo qual veio. Ele faz isso com tanta habilidade que parece automático... Considerou algumas coisas e pronto! Porém, nessa manobra, o cavalo cai de costas com as patas para cima.

E puxa o pescoço para a frente, porque está extremamente desconfortável. O condutor recrimina o cavalo mais uma vez: "É um idiota! Eu não digo que está sempre errado na hora em que eu mais preciso...? Era hora de cair desse jeito? Era hora de cair de costas? Na hora em que eu mais preciso deste cavalo... Vou ter de descer da carroça, desarrear o cavalo, virar o cavalo, arreá-lo todo de novo para que fique direito. É um saco; é um inferno contar com as pessoas..." Ele desce, faz tudo. O cavalo está bastante machucado, com arranhões e sangue ao longo da coluna. Está aborrecido e traumatizado, mas o cavaleiro nem se importa. Arreia, sobe no seu banquinho e dá o comando. O cavalo recomeça, numa marcha gostosa e macia, como um trote. Atravessa a mesma ponte, retorna pelo mesmo caminho. O condutor grita o tempo todo: "Não para, não para, vê se não para, agora vai, vai". Impulsiona, comanda e quer o cavalo em movimento. Não quer que pare.

O batom da égua, as botas da abelha

Venta forte. O chapéu do homem voa e revela uma cabeleira. Não é um homem, é uma mulher. Ela tira o bigodinho e solta o cabelo num movimento largo, recebe o vento. Vai arrancando o coletinho preto, a camiseta, a calça, a bota que usava. E guia, transforma a carroça e o cavalo num cavalo branco. Vai montada agora no pelo do animal, de calcinha e sutiã. Sofisticada, delicada e sensual. Monta de lado, sem abrir as pernas. Remete a Lady Godiva. Até a pele é branca. Ela é quase o cavalo, é da cor do cavalo. E sai em disparada segurando a crina, que é grande, totalmente desigual, sem nenhum corte, bem diferente da crina escovinha do cavalo marrom. Usando-a como rédea, ela conduz o cavalo como louca pela estrada. Adentra plantações e campos. O caminho estreito não existe mais. E vai, e corre, dispara. O cabelo da mulher confunde-se com a cauda do

Algumas leituras do inconsciente

cavalo: misturam-se. Ela olha para trás: tem a boca pintada de vermelho. É clara, loira, feminina, tem unhas vermelhas. E o cavalo também olha para trás e também tem a boca pintada de batom vermelho, os cascos esmaltados de vermelho.

Há muita identificação entre a mulher e o cavalo. O cavalo diz: "A cavala", querendo talvez dizer que ele também é uma fêmea.

Ela vai até o limite do campo. E entre o limite do campo e o horizonte, salta. Então, o cavalo abre asas, não como Pégaso, mas com asas laterais, como as de arcanjo ou de abelha. Asas que se movimentam para trás. Lateralmente, e não para cima.

O cavalo transforma-se numa abelha gigantesca. É macro. Veem-se as ranhuras da asa. As patinhas grandes, como que com botinhas nos pés. Uma abelha com barriga de centopeia, cheia de pezinhos.

E a mulher continua montada na abelha. Lembra o filme *História sem fim*, quando o menino voa num cachorro meio castor, algo indefinido.

Corta essa cena. Acaba esse filme.

Outro filme.

Histórias infantis

Uma cômoda de criança, num quarto de criança, com o chão forrado de plástico branco. Uma moça, que parece ser você como te conheci hoje, abre uma gaveta. Fraldas, fraldas e mais fraldas. Joga para fora fraldas descartáveis já montadas, alfinetes, talco, pomada contra assaduras, fraldas, cestinhas, chupetas, mamadeiras, peitos, cadeirinhas, carrinhos, fraldas, fraldas... E vai jogando tudo para fora da gaveta. Limpa o suor da testa enquanto fala desse universo infantil. O quarto é bem arrumado. Tem barras com bichinhos, móbiles, um berço azul-claro e amarelo. Nesse quarto tão delicado existe uma pessoa atrapalhada, cansada. É fralda que não acaba mais. Há uma dissonância entre a inocência do quarto e o olhar crítico da mulher. É o que parece. Ela tira tudo da gaveta e diz: "Achei, achei, achei". É um prego, ou um alfinete com cabeça. "Achei, achei". Com o alfinete, vai furando as bolas de aniversário que estão no quarto. Como se ali fosse também uma festa de aniversário, com milhões de balões. Ela fura um por um, estourando tudo e fazendo um enorme barulho. Não quer a festa. Diz: "Não tem festinha, não tem festinha para ninguém, não é o momento de festinha, não quero festinha".

Há nesse quarto uma boneca, num pequeno berço de balanço de palhinha. A mulher enfia o alfinete no olho da boneca, na barriga, e vai espetando, como se estivesse fazendo acupuntura, mas não é; parece que é raiva, contrariedade. Diz: "Não quero, não quero, não quero". Há negação. Ela não quer brincar com a boneca de olhos claros, muito branquinha, muito bonitinha.

Ao lado da boneca há um berço, onde existe uma criança maior, real. "Este eu quero, este eu quero", ela diz. Parece que, para chegar a esse bebê, foi preciso cutucar a boneca. A mulher tenta dizer ao bebê: "Não é nada contigo, não é nada com você, é com ela". Separa bem o desafeto, a fúria, a raiva. Explicita a quem dirige a energia da raiva dizendo.

Há um conteúdo de rejeição nessa cena (que é uma sensação minha, da Izabel), mas também de adoção: rejeita um, adota outro. Parece não haver possibilidade de fusão entre os dois elementos, apenas a escolha. Para gostar do que está vivo, eu preciso matar o que é de plástico, o que é de brinquedo... É como se um excluísse o outro. Amor ao que está vivo, ao bebê tão cheio de vida, e massacre à boneca, àquela menina de plástico.

Você pega o bebê no colo, acaricia, agrada-lhe, abre a janela, mostra a paisagem. Por um segundo, um flash, vejo por essa janela que se trata de uma casinha de boneca.

Você pergunta ao bebê se ele quer suco de uva, biscoito de polvilho ou outra coisa. E senta numa mesinha muito pequena, com quatro cadeirinhas. Senta, coloca o bebê sentado e lhe oferece coisas. Por um segundo, ele vira um sapo com as patinhas na mesa, mas logo volta a ser bebê.

Você quer e não quer. Quer aquilo tudo e não quer. De repente, você se desinteressa e começa a escrever num caderninho. Escreve, escreve. Gosta de escrever, gosta de estar com você mesma numa atitude de interesse por si mesma... gosta de você. Você sai adulta da casa de brinquedo. Para sair, curva o corpo como o condutor do cavalo o faz para sair do túnel. E, quando sai, você é muito maior que a casa. É uma mulher alta e grande.

Ao sair, você é mulher, não mais menina.

O livro jogado, o disco riscado

Em um segundo, você se transforma numa rata de pano, com uma bolinha cinza no nariz, vestido de chita colorido, bolsa e sapatos. Uma rata grande de pano, como se fosse uma boneca muito bem-feita. Meio Minnie, mas irreal, não é você de carne e osso. Parece a página de um livro infantil. Pode ser um desenho de livro infantil que cria vida, mas depois recua. Tem que ver com o imaginário, tem que ver com figuras de contos infantis. E, já que a rata vai para a página de um livro, este se fecha.

E é você lendo esse livro, sentada sob uma árvore muito grande, gigantesca. Você fecha o livro e diz: "Quanta bobagem..." Com a mão esquerda, joga o livro num lago que há por perto. E reforça com a mão na cabeça: "Como a gente perde tempo com bobagens..."

(Transmite a sensação de uma desilusão com a fantasia, com o imaginário, com as coisas que fazem parte do nosso mundo infantil, descartando-as como se fossem azarão do baralho, uma carta sem valor, como se isso não fizesse parte da sua história. Como se houvesse um consciente dentro do inconsciente, analisando este e dizendo: "Isso aí tudo é bobagem, não vou perder tempo com isso".)

Você encosta a cabeça na árvore e fica muito adulta. Não velha, mas filósofa, preocupada com problemas existenciais. Dispersa a irrealidade e pensa na realidade, dispensa a fantasia e entra no real.

Você adulta, olhando o mundo dessa árvore, vê passar, lá no horizonte, a sombra do homem na carroça, com o pássaro no ombro. Aquilo é para você a visão recortada no horizonte do início da história. O homem – agora com uma sombrinha –, o pássaro cantando – que já não é mais um corvo, é um papagaio – e o cavalo relinchando todo contente, puxando a carroça.

Eles vão muito felizes. Falam "Somos felizes, somos felizes", mas você não ouve porque é adulta, muito adulta. E eles não estão neste mundo de agora. Estão em outro lugar, mas estão tão felizes... é autêntico. É singelo. Há uma amizade entre esses elementos. São felizes. Há ritmo neles. Mas você não consegue perceber o ritmo deles. E dá de ombros, como quem diz: "Isso não me comove".

E seu inconsciente insiste com a voz de um poeta talvez, alguém querendo recitar um poema que não tem continuidade e começa com "Felizes éramos... felizes éramos... felizes éramos", como uma agulha que encrenca num só ponto da música. Não há continuidade. A poesia não verte e emudece no primeiro verso. Não há segundo verso, e continua: "Felizes éramos, felizes éramos", como um poeta usando agora as palavras do nosso corvo, um poeta gago, que não consegue completar a sua poesia, a sua obra, dar continuidade aos seus sentimentos.

Depoimento de D.

Quando a Izabel leu a história para mim, ela disse que tudo era meu, que a história era minha. Então, se é minha, se foi lida no meu inconsciente, se me pertence, isso me dá certo poder, uma sensação de liberdade sem medo. Ao contrário de outras liberdades que me pesam, essas só me tomam o tempo, já sem tanto valor.

Nem imagino por que meu inconsciente contou essa história. De tudo que guardei vivido, essas imagens priorizam certas coisas. Há um leque de símbolos que remetem a mim mesma, embora nem sempre tenham sentido imediato – e talvez seja assim mesmo, porque esse lugar ainda está fechado e nele pouco penetrei.

Entrelaçamento de ideias, lembranças e sentimentos. Que formam laços, que desatam nós, que amarram retalhos de vida.

Sou mulher de 38 e vim sendo feita nesses anos. Eu lentamente abri caminhos, escutei chamados, seduzida por algumas histórias que passaram por mim e por outras nas quais penetrei.

Nas infinitas trilhas que são de todos, foi numa pausa entre uma busca e um encontro que escutei uma maga contar uma história que havia sido contada por outra. Minha amiga começou a me falar de Izabel "Teller" [sic], uma contadora de histórias que habitam o inconsciente das pessoas. Enquanto ela descrevia a vivência que tivera, eu ouvia tudo completamente fascinada.

Que achado! Que poder maravilhoso esse de ver o inconsciente das pessoas... E eu, que sou totalmente vidrada nos símbolos, nas imagens, fiquei tão curiosa pelo meu mundo velado que fiz a primeira pergunta: "Qualquer um pode ir, eu posso ir?"

Autorizada pela amiga, não consegui pensar em outra coisa. Liguei para Izabel no dia seguinte.

Não via a hora de ir. E mesmo assim, por algum motivo inexplicável, confundi-me no relógio e cheguei bem atrasada, e arrasada.

Após me acolher com sua forte presença, Izabel manteve a tranquilidade de quem já viu muito e explicou que esses percalços eram comuns, algo que eu mesma reconheço e denomino contramovimento: uma artimanha sacana que tenta me impedir toda vez que rumo para algo novo, positivo e, principalmente, desvendado.

Tudo pronto, claquete batida, vem a primeira cena: *um homem velho é visto de costas. Passeava, vestindo calça e colete pretos, camiseta básica branca e chapéu preto. Ia guiando uma carroça, puxada por um cavalo, numa estrada bucólica, em paisagem de campo, muito plana e verde.*

Não, o homem não é velho. Olhando de frente, ele é moço, tem bigodinho e assobia contente, levando a carroça, cuja pequena caçamba está vazia. Está bem-vestido. Seu chapéu tem abas pequenas e indica ser de uso social. A carroça é quadrada, tem molas e rodas de pneu. Ele vai sentado em um banco de madeira com dois ferros para apoiar as mãos. Olha para o lado onde o sol se põe. Gosta do que vê, parece tranquilo.

Começo a achar a imagem bucólica demais. Falta pique, começo a ficar inquieta. Sou ansiosa, impulsiva, minha vida é cheia de ruídos... Não sei, aquele carroceiro... não acho o personagem interessante, prefiro figuras mais excêntricas. Mas, como adoro ouvir... Esperei.

Enquanto ouvia, lembrei-me de que, antes de tudo, antes de mais nada, antes mesmo de nascer em tecnicolor, de um parto assustado, vim de uma cidade bucólica, sem almas, quase um cenário. Ali, um rapaz acanhado, de família outrora abastada, vinha terminar de viver seus últimos 23 anos de vida. Em breve seria meu pai, de quem eu nunca conheci os sonhos e desejos. Gostava de trabalhar como engenheiro, gostava da família, gostava de ler jornal, economizava palavras e outros arroubos, gostava de viajar e de criar bem os filhos. Não me lembro nunca de termos nos tocado de fato. Mas o vento que me penetrava a pele, até a alma, era aquele dos passeios que fazíamos, eu com cerca de 2 anos, sentada na cadeirinha da bicicleta que ele dirigia e de onde eu escolhia a melhor cena.

Eu também vivia a minha tranquilidade de criança, sentada no meu banquinho. Aquele horizonte, como uma obra aberta, anunciava-me o mundo. E o vento soprava: é só esperar...

Então as coisas começaram a acontecer e ter uma dinâmica que eu reconhecia, em que tudo me pertencia, por mais estranho que fosse. O carroceiro era eu pessoa comum, depois eu impaciente, depois eu impulsiva, depois eu amedrontada, e lá ia ele pela estrada afora. A eterna briga entre o condutor e o cavalo, entre meu ego e meu instinto. As diferenças de ritmo... A dificuldade de aceitar ajuda, de aceitar os outros... E as imagens ganharam uma dimensão onírica, que me arrebatava numa velocidade alucinante. Ele era ela, bela mulher. E o cavalo também era eu, assim como a carroça, o corvo, a abelha, a rata e a mulher nostálgica que tinha sido feliz.

Meu Deus! Não há como esconder mais. Até aquele filme, *As pontes de Madison*, que eu nunca achei bom, avaliado como "comercial", cheio de clichês, a que eu assisti em vídeo, estava ali, saindo de dentro de mim: Eu, na ponte de Madison, tendo de admitir que ainda sonhava com um amor romântico, idealizado, aventureiro – fosse esse amor projetado em um homem ou reconhecido como um aspecto de mim mesma. Eu ali, exposta com aquele sonho adolescente e ao mesmo tempo me sentindo tão adulta...

Depois de ouvir tudo, saí contente, como uma criança que encontra uma caixinha mágica. Eu e a Alice no país das maravilhas. Há tempos nada me entusiasmava tanto. Tudo aquilo era meu e era muito meu! Eram as minhas imagens, os meus mecanismos. E o mais incrível é que cada símbolo trazia em si formas e significados, mas todos eles iam além de si mesmos quando se interpenetravam para ganhar outras interpretações quando olhados em conjunto.

Já se vão seis meses e ainda há muito a ser explorado. A cada pequeno movimento surge um novo desenho no meu caleidoscópio. Um infinito, sem espaço nem tempo.

Ouço a voz da Izabel. Volto à última cena e me comovo:

Você adulta, olhando o mundo dessa árvore, vê passar, lá no horizonte, a sombra do homem na carroça, com o pássaro no ombro. Aquilo é para você a visão recortada no horizonte do início da história. O homem – agora com uma sombrinha –, o pássaro cantando – que já não é mais um corvo, é um papagaio – e o cavalo relinchando todo contente, puxando a carroça.

Eles vão muito felizes. Falam "Somos felizes, somos felizes", mas você não ouve porque é adulta, muito adulta. E eles não estão neste mundo de agora. Estão em outro lugar, mas estão tão felizes... é autêntico. É singelo. Há uma amizade entre esses elementos. São felizes. Há ritmo neles. Mas você não consegue perceber o ritmo deles. E dá de ombros, como quem diz: "Isso não me comove".

E seu inconsciente insiste com a voz de um poeta talvez, alguém querendo recitar um poema que não tem continuidade e começa com "Felizes éramos... felizes éramos... felizes éramos", como uma agulha que encrenca num só ponto da música. Não há continuidade. A poesia não verte e emudece no primeiro verso. Não há segundo verso, e continua: "Felizes éramos, felizes éramos", como um poeta usando agora as palavras do nosso corvo, um poeta gago, que não consegue completar a sua poesia, a sua obra, dar continuidade aos seus sentimentos.

Então, percebo que não quero mais ser um poeta gago, que não consegue completar a sua obra nem dar continuidade aos seus sentimentos. Sim, comovo-me; sinto a dor de todas as perdas, de todos os erros, de todas as ilusões. Revejo o horizonte que foi o cenário das minhas primeiras cenas vividas. Sinto saudade. Paro de relutar contra os meus clichês. Quero mais histórias. Quero escrever. Vamos para o segundo verso.

E. – A cabeça dentro do peito

Uma narrativa com imagens extremamente detalhadas e de uma riqueza simbólica deslumbrante. O caso dessa cliente foi comentado na Parte 2 (imagens que falam sobre o estado de saúde).

Uma língua que bate como uma matraca e fala sem parar a palavra "dificuldade", como se fosse um diapasão controlando uma música. Depois disso, você me apresenta um enterro, uma marcha fúnebre. Um enterro à moda do Sul da Itália, com pompa e circunstância. Carruagens. Algo ligado ao poder de um clã, de uma família, de uma máfia, um grupo de pessoas lutando pela mesma causa. À frente do enterro vai um arlequim, um bobo da corte, uma série de elementos do carnaval de Veneza. Como se houvesse alegria nesse enterro, como se uma era houvesse terminado e finalmente fosse possível enterrar um membro da família.

Um tambor militar soa; um homem forte toca-o de maneira ritmada, porém potente. Começo a desconfiar que morreu o patriarca dessa família, o chefão, o mandachuva ou o mandão – palavras que aparecem junto com a imagem. À frente do homem com o tambor há um palhaço chamando para um circo: "Venham, venham, venham todos, venham ver o meu espetáculo!" Aparecem elementos do carnaval de Veneza e uma carruagem levando um morto e puxada por cavalos de penachos vermelhos. Atrás da carruagem vem uma quantidade enorme de mulheres chorando com véus pretos cobrindo o rosto, chorando aborrecidas, magoadas, tristes. Uma criança corre no meio das mulheres; de preto, também está triste. A carruagem para num campo e canhões são disparados. O patriarca é homenageado com canhões como os presidentes, os heróis de guerra. Nesse momento uma imagem muito fluida, muito alta, muito magra, muito esbelta, brincalhona, dançarina rodopia na ponta do pé e diz: "Não tem causa, não tem explicação. É maldição, é maldição", como quando o apresentador de um espetáculo quer simbolizar a passagem do tempo. Entra então um carro de boi, cheio de feno; sobre os bois há crianças brincando. Dentro do feno há vários ancinhos espetados, mas quando as crianças caem são protegidas por mãos – mãos de alguém que trabalhou com a terra ou viveu em aldeias. As crianças são claras e estão muito alegres; caem nos ancinhos – que também são mãos-conchas – e adormecem, como se tivessem finalmente encontrado proteção, embora esta seja simbolizada pelo perigo: o elemento que poderia ter matado protege. Não sei se é muito cedo para dizer qualquer coisa, mas sinto que o perigo protege, é como uma pessoa que vira alcoólatra para não ver a realidade, ou se droga para ficar eufórica. Continuando, esse pião humano, essa figura fluida, com jeitinho de arlequim, muito alegre, na ponta de uns pés muito leves, diz: "Talvez eu conte para vocês uma história, ainda não sei se vou contá-la..." E repete isso várias vezes, como se lhe custasse muito contar a tal história em público. Ele abre um enorme livro – uma Bíblia, talvez uma constituição – exatamente na metade, como se estivesse contando as páginas. Põe ali um marcador vermelho e começa a alisar as duas metades. "O lado direito é dedicado a uma filha, e o lado esquerdo é dedicado a outra filha. Dedico meus lados aos meus filhos. A história do lado direito eu escrevi em zigue-zague e a história do lado esquerdo eu escrevi em quadrados"

– mostrando que a história do lado racional, lógico, está escrita em zigue-zague e a do lado esquerdo, fechada em quadrados, aos trancos. Ele pega as páginas e começa a formar com elas uma espécie de leque. Brinca com esse livro como se fosse um fole; vai abrindo as páginas e começa a me dizer: "A 29 é interessante, a 32 deveria ser consultada, a 37 pode ter a solução, a 40 pode ter a melhor lei, a 47 pode ter a saída, a 51 pode ter a explicação", lembrando por um segundo um advogado que busca aplicar diferentes leis a diferentes casos, como se soubesse de cor onde estão as soluções – "basta buscá-las nas páginas corretas". Porém, vira o livro de ponta-cabeça e o desorienta, querendo dizer de maneira um pouco agressiva que dessa forma as palavras caem. Ele sacode o livro, as palavras todas caem no chão e o livro fica em branco, como se a pessoa perdesse a sua história, os seus pontos de referência. Ele sacode o livro como se sacode alguém. É como uma pessoa que provavelmente perdeu a memória ou preferiu não consultar as leis, desprezando o conhecimento contido nos livros – especialmente esse que parecia ser o livro da vida de alguém que provavelmente já tentou até se livrar dos seus registros.

Na segunda imagem há uma mistura enorme de figuras, e não consigo escolher uma delas. Existe uma rede com uma enorme abóbora com chapéu preto de bruxa que remete ao *Halloween* americano. Uma menina gira ao redor da abóbora gritando: "É Dia das Bruxas, é Dia das Bruxas" e faz o seu pedido num clima extremamente infantil. A abóbora é engraçada e diz: "Faça seu pedido, é *Halloween*, faça seu pedido". Neste momento, P., sugiro que você faça seu pedido, pois está claro que o seu inconsciente está lhe oferecendo essa oportunidade. Não precisa fazê-lo em voz alta; certifique-se de formulá-lo de maneira bastante prática e objetiva. A menina gira em torno da abóbora, transformando-a na roda de uma bicicleta. Ela gira essa roda, que se transforma na roda da fortuna – carta do tarô que representa movimento, bons momentos. Essa roda, por sua vez, se transforma num elemento chinês, talvez um dragão, que gira e se torna numa mandala indiana. A roda emite o som de sinos.

 A terceira imagem mostra um pássaro bem assentado sobre um fio de aço. É um joão-bobo, mas não voa sozinho: depende de uma força externa – que poderá ser a força do vento ou o empurrão de alguém. Noto agora que sua asa direita está quebrada. Ele grita pelo biquinho, mas seu pedido de ajuda é tão baixo, tão sutil que é como se ele tivesse vergonha de gritar mais alto, de pedir que alguém venha auxiliá-lo. O bicho não tem forças para se fazer ouvir, está preso a um fio de aço que, tocado por alguma coisa, movimenta-se, mas sempre do mesmo jeito. Você me diz: "Meus pássaros feridos, coleciono pássaros feridos, pássaros podados, ilusões, iniciativas cortadas". Mostra-me uma tesoura e com ela corta o rabo dos pássaros. "Coleciono pássaros feridos", você repete. "Reparou que estou encolhendo?", você me pergunta. "Já fui uma pomba com o peito estufado e o Espírito Santo, mas a minha cabeça está enfiada no peito." Você me descreve uma pessoa cujo tórax sobe enquanto a cabeça se enfia no corpo. "Busco algo que está dentro do meu peito." Digo que para achar não é necessário enfiar a cabeça dentro do peito. Você fala um palavrão, uma injúria, e me dá um bofetão verbal, como se eu estivesse interferindo nas suas decisões – e você não gosta disso, fica nervosa e irritada. Então fico quieta e você continua levantando os ombros e encolhendo a cabeça. Fica uma figura realmente estranha, esquisita, uma mulher sem cabeça com um zíper fechando os ombros. Coloco-me à disposição e digo que, se você quiser, eu abro o zíper e tiro a sua cabeça, e você retruca: "Não posso falar, estou dentro do meu peito, você não vai ouvir minha voz". Então eu digo: "Então abra o zíper com os dedos; com esse gesto verei sua mão e a ajudarei a tirar a cabeça de dentro do peito". E você diz: "Eu não estou te ouvindo porque minha cabeça está dentro do peito, eu não ouço ninguém". Eu repito que se você quiser tiro sua cabeça de lá. "Sinalize com a mão que eu abro o zíper, ou então bata palmas para que eu possa ajudar." E você diz: "Não posso falar, não posso ouvir. Estou com a cabeça dentro do peito". Calo-me. Na parte de cima do seu corpo, onde está o ombro com um zíper no meio, as pessoas vêm brincar porque acham que é uma pista de patinação, de esqui, um lugar para deslizar. Não perceberam que você está com a cabeça dentro do peito, acham que é só um lugar para se divertir. Há alguns pintores que pintam seu corpo como se fosse uma parede. Surge uma mulher e estende roupas, ou pedaços de macarrão para secar, como se fosse um varal, e eu vou tirando essas pessoas de cima do seu ombro, pedindo a elas que não façam isso, isso não é uma área de lazer, não é um varal, não é uma cozinha, não é um quintal – são os ombros da P. e dentro deles há uma cabeça. E você gosta tanto dessa minha manifestação de afeto que finalmente bate palmas. Eu abro o zíper e a sua cabeça pula para fora, como se fosse a caixa de um mágico. Com muito cuidado, vou ajudando a sua cabeça a nascer, e nós juntas fazemos o parto dela. Seguro seu peito e suas orelhas para que você não sinta nenhuma dor. Vou esticando a sua cabeça, esticando, esticando, até que se ouve um barulho – ploft! – e ela sai. Então passo a mão onde estava o restinho do zíper, que desaparece, e igualo os seus ombros para que você se sinta bem. Abaixo-me, como se estivesse fazendo com você um exercício postural, e levanto a sua cabeça, segurando as suas orelhas. Você permite, deixando a cabeça mais flexível, mais maleável, mas eu gostaria de ter criado um espaço maior entre o queixo e o pescoço, que é algo de que você precisa muito: aumentar essa distância por meio de exercícios. Então você diz que há ratos na minha cabeça, ela é um queijo suíço cheio de buracos. Tenta me assustar mostrando uma cabeça de onde saem ratinhos, mas eu não fico com medo nem me interesso pelo assunto. A cabeça é sua, o queijo é seu e os ratinhos, afinal, não são tão feios assim. Mas você insiste que eu tenho uma cabeça cheia de ratos, que eles estão comendo a minha cabeça, e então sugiro que a gente faça algo para eliminar os roedores. Falo em ratoeiras e você assente, dizendo que vai pôr milhares delas na sua cama e rezar para que os ratos corram todos para lá. E você diz: "Você acha que se eu colocar milhares de ratoeiras no meu quarto eu vou ficar boa?" Respondo: "Pelo menos vai ficar sem os ratos na cabeça". Você acha graça na analogia toda que acabou fazendo. E acha muito interessante tirar os ratos da cabeça com ratoeiras e diz para mim que, quando tirar os ratos da cabeça, vai ter teias de aranha, como que querendo caprichar na descrição mórbida dessa cabeça. Mas eu retruco: "As teias de aranha a gente pode tirar com espanador. Espanamos a sua cabeça, arejamos, e saem as teias, as baratas, os carunchos e tudo mais que você acha que tem na cabeça. A gente a transforma numa cabeça nova – é isso que você está buscando, uma cabeça nova. Você acabou de parir uma cabeça nova, não coloque nela as suas coisas antigas".

Numa quinta ou sexta onda do seu inconsciente, encontro um balão com cesto de vime, cheio de cordas. Ele está pleno, todo cheio de ar, voando, e você está nesse balão, de luneta, observando a paisagem. O balão sobe muito rápido, e você procura ver...

Ao usar a luneta, você busca fazer contato com o infinito. O balão está cheio do elemento éter, muito volátil, mas fugaz.

"Eu dou a volta ao mundo em 80 dias", você diz. "Eu dou a volta ao mundo rapidamente."

Eu fujo, estou em fuga, numa "fogatina", num "fugato", numa fuga feroz, irrefreável, marcial. Nesse momento, vejo uma marcha nupcial, como se você estivesse fugindo. Você me mostra uma enorme raposa com os olhos azuis extremamente brilhantes; parecem duas pedras, duas contas fabulosas. Ela olha para mim e me enfrenta, os olhos nos meus olhos, e vem em minha direção cavando a terra com umas unhas enormes. Sinto que ela vai pular em mim. Então lhe estendo um cacho de uvas. Ela se assusta, pois imaginou que eu fosse lhe apontar uma arma. Ela senta, se acalma e deita no chão como um cachorro treinado. Lambe minha mão e a pega com reverência. A raposa pede-me perdão, sobe na minha cabeça, se transforma num castor pequenininho e vem brincar comigo sugerindo: "Pareço uma fera, mas sou um esquilinho que precisa de muita atenção". Ela faz cócegas e brinca comigo, passando as unhinhas no meu rosto, num toque muito delicado e agradável. Deita no meu colo, dorme e se transforma num gato. Olha-me com olhos impressionantemente azuis e de um brilho maravilhoso... os olhos são marcados de preto, como uma máscara. Escuto uma voz ao longe. Começa chamando por "Serafim, Serafim", e acaba desta forma: "Será o fim, Serafim, será o fim, o fim de Serafim". Imagino que seus pensamentos se remoem insistentemente, num bater eterno na mesma tecla, num derrapar no mesmo assunto, Agora, Serafim, será o fim – espero que seja o fim desse assunto e o início de um novo. Você precisa de abertura, de referências diferentes, de coragem. A raposa é um bicho extremamente corajoso, inteligente, astuto. Você me mostra agora uma enorme lousa de colégio, verde. Você está de uniforme azul-marinho, sainha pregueada, um cinto azul – parece até uniforme de colégio de freiras. Você pega o apagador, bate-o na lousa e diz: "Eu vou apagar tudo", remontando à cena do livro, quando derrubou tudo que havia nele. Você apaga tudo que estava na lousa com a intenção de escrever uma nova obra, reescrever uma lição ou tentar uma nova matéria, uma nova aula, uma nova ciência. Toca o sino e as crianças vão para o recreio, mas você fica emburrada num canto da sala, usando chapéu de burro, ajoelhada no milho, como se estivesse sendo castigada. "Eu me dei esse castigo, esse meu chapéu é da bruxa do *Halloween*, eu gosto do castigo. Não vou para o recreio, vou ficar sozinha nessa sala." E eu pergunto: "Não vai ser chato ficar sozinha?" "É o preço por ser diferente, é o que se paga por não fazer parte da turma", ela diz.

Pergunto à menina se ela quer que eu tire o milho em que está ajoelhada. "Você quer que eu tire o seu chapéu de burro, quer que interfira?" Você quer fazer as coisas do seu jeito, mas permite que eu fique. Porém, dá as ordens:

— Senta e não fala nada.

Eu me sento ao seu lado e você diz:

— Não cruze as pernas.

E eu não cruzo as pernas.

— Tenha modos, tenha educação, saiba se portar direitinho.

E eu digo:

— Sim, senhora, eu vou ter modos, educação, vou saber me portar direitinho.

Você pega o chapéu de burro e o põe na minha cabeça. Apanha os três grãos de milho nos quais estava ajoelhada, abre minha boca, joga-os dentro dela e a fecha. Pergunto por que devo ser educada com você se você está sendo rude comigo. Você abre a minha boca e começa a examinar meus dentes, como se fosse dentista ou estivesse interessada em conhecer o meu interior. É engraçada essa fixação pela boca que existe no seu inconsciente. Você parece querer se certificar de que não tenho dentes pontiagudos, não sei... Então abre bem a minha boca e puxa minha língua para fora, como querendo que eu fale mais, que eu não pare de falar. Ao puxar a minha língua, você brinca com ela, transformando-a num elástico de *bungee jumping*. Você se atira, mas sabe que a língua a puxará de volta, então fica nessa brincadeira, como se a minha capacidade de falar sobre você lhe desse certo prazer.

Agora você me mostra um armário e diz: "Eu tenho um armário de roupas, você quer vê-las? Tenho muitas roupas, muitos sapatos, muitas bolsas". E abre um armário gigantesco, cheio de coisas, com certa organização. "Mandei fazer gavetas específicas para guardar as minhas coisas, não gosto de misturar pano de prato com lençol de cama, gosto de cada coisa no seu lugar. Você está surpresa de ver esse meu armário? Você não imaginou que eu fosse organizada e tivesse um método, você achou que eu fosse uma avoada, uma pessoa sem responsabilidade", diz você. Respondo: "Não pensei nada, você é que está dizendo tudo isso, eu não a conheço, estou aqui apenas para lhe dar informações". "Mas você tem obrigação de me conhecer" – e, mais uma vez, você me humilha, me diminui, se impõe, como se você tivesse um poder maior do que todas as outras pessoas, como se fosse uma criança mimada. "Você veio à minha casa para obedecer às minhas ordens, você não pensa, simplesmente faz o que eu quero." Eu digo: "Sim, senhora, o que a senhora quer que eu faça?" "Limpeza. Hoje vou organizar o meu armário, vou reorganizar tudo, e você fica para limpar; se for preciso pagar, eu pago, não é esse o problema. Comece por baixo, tire todos os sapatos e ponha-os no sol; guarde as malhas de inverno em sacos e coloque-os no alto. Perto das minhas mãos eu só quero aquilo que uso todos os dias, para facilitar a minha vida. Quero o meu colete à prova de balas. Eu o visto todo dia. Quero que você o escove e deixe-o ao alcance das minhas mãos, para que eu possa me defender das balas." Esse colete é de aço recoberto por um tecido cinza e tem dois bolsos. É duro ao toque, quase uma armadura. Você põe um cravo na lapela dessa armadura, suavizando essa figura severa, austera e distante. "Este colete já me levou a muitas guerras", você me diz, "eu ando sempre com ele e me protejo. Você viu? Ainda estou viva." Parece querer me dizer que você tem nas mãos a opção de viver ou morrer; basta você imaginar que está de colete que as balas não vão atingi-la.

Agora vejo nitidamente um tanque de guerra derrapando na neve, incapaz de sair do lugar. A sua ligação com a guerra é inegável – você apresentou vários símbolos ligados à guerra. Pode ser também que você esteja em batalha, em luta... usa símbolos bélicos para falar do seu inconsciente. Você me diz: "Quer fazer o favor de resumir e concluir? Porque a senhora disse muitas coisas e não disse nada, e eu não entendi coisa nenhuma. Se eu entrei aqui confusa, saio mais confusa ainda. Não entendi rigorosamente nada do que houve até agora. Acho isso tudo muito estranho, não saberei o que fazer com todas essas informações, isso complica minha vida. Já me vejo saindo daqui muito mais perdida, não foi isso que eu vim buscar. Eu vim buscar a explicação e a senhora me vendeu a confusão". E continua:

— Oh, vida! Oh, vida! Oh, vida!" — como se a minha leitura também não tivesse dado certo. — Até quando esse veículo vai continuar a derrapar?

Eu me calo e não digo nada, prefiro que você responda.

H. – A estrangeira

Mulher jovem, na faixa dos 20 anos, profissional de mídia. Memórias comoventes.

A primeira imagem do seu inconsciente é de você pequenininha, com gorro, cachecol, luva e sobretudo, andando na neve, brincando com bolas de neve. Você deve ter 1 ano e meio ou, no máximo, 2. Com o cabelo mais claro do que hoje, você atira bolas de neve em uns pinheiros. Imediatamente depois, na imagem seguinte, surge você mais adulta, já grande, atirando uma bola em alguma coisa, como se estivesse jogando queimada ou tênis. O seu movimento é idêntico ao da menina: sustenta o corpo na perna esquerda, levanta a perna direita, recua para trás o braço direito e atira a bola num alvo.

Na outra foto (é sempre um ambiente frio, de neve), você está sobre um muro brincando prazerosamente de esconde-

-esconde. Há um risinho infantil que parece vir de dentro, é como se você desse gritinhos de alegria com essa brincadeira – que provavelmente lhe foi ensinada quando você era pequena por uma figura masculina. Pode ser um tio, um avô, um pai, um primo, um irmão mais velho... não importa. Você se esconde, dá uns gritinhos, correndo com certa dificuldade porque ainda não anda direito, e essa figura masculina diz: "Vou te pegar". Você se esconde, espera o silêncio e reaparece. Sinto que desde a mais tenra idade você criou o mecanismo de aparecer e fugir, esconder e aparecer. Toda vez que alguém diz "Eu vou te pegar", seu inconsciente gravou a decisão de que ninguém vai fazê-lo especialmente no jogo da emoção, do afeto, do masculino/feminino.

A nova imagem que aparece lembra uma escola ou um centro juvenil. Você está subindo a escada de entrada. Parece um fórum, ou um templo; você sobe correndo com papéis na mão – até parece uma advogada –, mas eles caem. É como se você, ao correr para esse centro juvenil, tivesse perdido papéis e voltado para buscar alguns deixados para trás. Seu cabelo é mais comprido do que hoje. Sinto uma necessidade de crescimento rápido, de menininha para jovem, como se tivesse ficado adulta cedo demais; estou interpretando, posso estar errada, mas parece-me que você deixou para trás alguns "papéis" (representações, personalidades, vivências).

Esse local onde está escrito "juvenil" parece-me um instituto de educação, uma escola onde provavelmente você tenha recebido algum diploma. Há uma cerimônia tradicional, ligada à advocacia. Há no inconsciente uma mistura de tribunal, de juiz, de advocacia com escola. De qualquer maneira, existe formalidade, tradição, cobrança.

Na próxima foto você aparece pequenina, aprendendo a andar de bicicleta, com meia soquete, vestidinho. O guidão se move para lá e para cá, para lá e você parece bastante insegura.

Se não me engano – pode ser minha fantasia –, a bicicleta parece ter três rodas: uma na frente e duas atrás. É como se você buscasse segurança para vivenciar uma nova experiência de vida, querendo estar segura para poder entrar numa nova experiência. E quando consegue andar, essa fotografia dá um corte e vai para uma praia. Você continua pequena e, andando de bicicleta, dá aqueles gritinhos internos semelhantes a quando brincava com o adulto. Você está muito feliz. O interessante é que você anda de bicicleta na praia em pose de ciclista, meio abaixada em direção ao guidão, como se fosse uma profissional. Então experimenta soltar o guidão e andar com os braços para cima, como se as coisas para você tivessem um ciclo natural. Quer dizer, para andar na bicicleta com os braços para cima e mexendo o corpo seguramente era preciso começar a aprender com segurança. É como se você necessitasse de determinadas etapas para se sentir segura, livre e feliz.

A outra imagem é muito bonita, é deslumbrante, lembra o cais de São Francisco, na Califórnia. É uma localidade pesqueira, um cais onde os pesqueiros atracam, mas tem uma configuração de começo de manhã, de madrugada, quando as gaivotas trinam. Chegou a pescaria, chegou o peixe... que há de sobrar para elas? A gaivota sempre acha que algum peixe vai sobrar para ela. A visão desse pesqueiro é cinematográfica. Os pescadores descem e, como nos países frios, usam botas de borracha até o joelho, calças grossas e fortes, jaquetas que aquecem.

É muito interessante esta imagem: você pequenininha, correndo em direção a um desses homens... é como se eles trouxessem de volta à sua memória o pescador, ou o chefe de uma embarcação. Você usa uma capa amarela de plástico, um chapeuzinho – parece vestida de bombeiro – e corre em direção a esse homem com muita saudade. Ele a pega no colo, gira-a para todos os lados, joga-a para cima, é uma grande felicidade. É como se você também esperasse o pesqueiro, como as gaivotas lá em cima, só que você não está atrás do peixe, e sim do pescador. É muito linda essa imagem, há enorme alegria nesse encontro. É como se você não visse esse homem há muito tempo, pois ele se ausenta muito em decorrência da profissão, mas você sabe quando ele volta e espera-o com as gaivotas. Depois de brincarem bastante, ele a coloca no chão e a leva pela mão. Seu inconsciente gravou isso, ele tem dois metros e você, 90 centímetros. Uma mãozona segurando uma mão pequenininha, andando pela praia, provavelmente contando coisas que viveu, e você ouvindo.

É interessante, muito interessante, porque ela não tem nada que ver com a sua idade, mas aparece na imagem: a cantora Maysa, um ícone da nossa música. Ela está cantando "Eu sei que vou te amar". Maysa era uma mulher extremamente triste, estava perdendo a voz de tanto beber, e morreu cedo. Deixou algumas músicas gravadas, várias delas bem tristes.

Outra foto que aparece, muito bonita, é de você andando por um vinhedo, debaixo das vinhas, colhendo, cortando cachos de uva e pondo-os numa cesta. É interessante como o seu inconsciente gravou essa memória; você surge alta, longilínea, parece uma atriz de cinema bem jovem. É como se você pudesse até cantar uma canção, é como se fosse um musical da Broadway e você estivesse representando. O vinhedo é extenso, parece haver túneis por baixo dele que produzem uma meia-luz. É como se você tivesse aprendido que dentro dos vinhedos há uma entrada, uma colheita e uma saída – o processamento de algo. Você aprendeu com a natureza a estabelecer caminhos com alegria, com fantasia, com romantismo, com beleza plástica intensa.

Outra foto é de uma rocha no penhasco. O mar bate violentamente nessas falésias, como nós chamamos em Portugal. Lembra muito a Ericeira, uma ponta de pedra que avança para o mar. Você está sentada no alto dessa pedra, muito pensativa e só. Sente ímpetos de pular lá embaixo, com a segurança de que terá asas e não vai se arrebentar. Há uma necessidade de liberdade, de se atirar no mar sem fim sabendo que vai planar, voar. Seu inconsciente mostra algo ligado a planadores que aterrissam mansamente. Não há impacto, não há tendência à violência ou a atos heroicos controlados. Você acha que tem asas de uma grande abelha ou de um besourão. Aí você me conta, muito pequenininha, mas pequenininha mesmo:

"Eu e sete pessoas". Aí você muda: "Eu tinha sete pessoas em quem confiava".

"Eu tinha sete amigos que conhecia."

"E tinha sete cidades em que eu ia."

"Eu cruzei sete vezes uma cordilheira..."

Mas, à medida que vai crescendo, diminui o número de irmãos em quem você confiava, como se o universo infantil tivesse sido pleno de confianças e isso se perdesse com seu crescimento... Aí você me diz, adulta: "Eu confio desconfiada, amo armada, solto e recolho, peço e nego, tive tudo por não ter nada, ando e recuo, mas vou chegar lá". Você mostra um pico, penso que é o Himalaia, o mais alto do mundo. Aponta e diz "Eu vou chegar lá" – mostrando que, apesar de algumas indecisões naturais na vida, você já tem um objetivo e a certeza de que vai conquistá-lo.

Depoimento de H.

Logo que a Izabel começou a descrever as imagens, tive a nítida sensação de que o teor delas era bastante real. Quando ela descreveu o cais, o grito das gaivotas, logo fui transportada para uma que não era São Francisco, mas tão fria e bonita quanto. Senti novamente o frio, a umidade e até o ruído do porto.

Fechei os olhos para rever o cenário mais facilmente.

Comecei a chorar quando Izabel passou a descrever a minha ansiedade em encontrar o pescador com seu uniforme azul de tecido grosso. Vi meu avô descer do barco, um homem que na vida real não era pescador, e sim marinheiro.

Antes de sair do meu país, vivi com meus avós, e a rotina com eles sempre foi de muita atenção e carinho.

A descrição é toda fotográfica e 90% real, tirando alguns detalhes que meu inconsciente fez questão de melhorar e deixar mais bonitos.

No fim da imagem, Izabel ouve a canção composta pelo Vinicius de Moraes e cantada pela Maysa, "Eu sei que vou te amar", o que foi um pouco estranho; afinal, eu não tinha nenhuma referência dela a não ser o fato de achá-la bonita.

Ouvindo a gravação em casa, lembrei de um avô por quem tive muito amor, de quem tenho muita saudade e cuja morte não chorei. Parece que ele foi para mais uma viagem e continuo ansiosa esperando seu retorno à praia, como fiz por longos períodos de separação.

Fiquei com saudade e liguei para minha avó, que, distante de mim cinco mil quilômetros, também chorou com a imagem e me contou que quando eu tinha uns 2 anos de idade meu avô me levou a um festival de música para assistir a um show em especial, o da Maysa. E que fiquei sentadinha no ombro do meu avô, abraçada à sua cabeça o show todo, bem quieta, ouvindo as músicas com ele. Meu avô adorava tudo que fosse do Brasil.

C. – O menino mudo

Esse cliente de 6 anos é mudo e o trabalho foi feito com ele adormecido. Os primeiros minutos da gravação, infelizmente, foram apagados na hora da transcrição.

[...] um prato de plástico. Ele quer que a tia Raquel venha ver o que ele descobriu no fundo do prato: uma borboletinha em baixo-relevo. Ele vê a borboletinha com vida, mas na verdade se trata de um decalque, de uma estampa. Ele quer que a tia Raquel veja que a borboleta tem vida, bate as asas, que estão presas no prato, como se tivessem jogado sobre ela uma camada de plástico, impedindo-a de voar. Ele está muito aflito porque a borboleta está presa no fundo do prato, mas ele sabe que ela está viva. Porém, a tia Raquel aparece e gesticula na frente dele, sinalizando que acabou... com aquele gesto de mãos que a gente usa para dizer às crianças que "acabou". Ele faz que não furiosamente com a cabeça e enfia a faca no plástico, pois imagina que haja um plástico impedindo a borboleta de voar. Para ele, isso é tão claro e óbvio que lhe custa (até como cansaço físico) transmitir o complicado descobrimento. Ele não está dizendo que acabou a comida, e sim que no prato há uma borboleta viva, intensa, colorida e fabulosa que quer voar.

Ele tenta fazer com os braços o movimento das asas da borboleta, mas não consegue, talvez porque tem a impressão de que há cem pessoas olhando para ele... As pessoas o observam de olhos arregalados, tentando compreender algo que está muito além da imaginação de todos nós. É uma tridimensionalidade que esse menino tem na sua visão dessa borboleta e uma necessidade de soltá-la, de libertá-la, de deixá-la voar. Ele não parece assustado com a multidão. Bastaria que uma pessoa ajudasse H. a tirar o filtro de plástico de cima da borboleta.

Talvez essa multidão nos dê a impressão de excesso de cuidado, de restrição, mas nada mais incorreto, pois a imaginação do menino é libertadora. Sua borboleta tem um colorido tão surpreendente que chega a me comover. Nunca imaginei que fosse capaz de existir uma borboleta com tal gama de laranja, amarelos, verdes e azuis num fundo preto, para que cada cor tenha o seu lugar e sua vibração. Há organização e equilíbrio. As asinhas têm o mesmo tamanho, o mesmo desenho. Parece que ela foi feita por um arquiteto ou *designer* com alta capacidade de cálculo.

Algumas leituras do inconsciente

IZABEL TELLES

As antenas da borboleta são simétricas, com uma bolinha em cima de cada terminação. Seu rosto é perfeito, com olhinhos, nariz, uma boca pequena. Enfim, é uma borboleta linda, inédita, diferente. O menino sente pena de que a multidão, mesmo com tantos olhos, não consiga ver o que para ele é óbvio.

A segunda imagem que aparece é um playground, onde há um pneu de carro preso por uma corda e uma criança sentada nesse balanço, com outras empurrando-a. É interessante notar os bloquinhos na borracha do pneu novo em folha, que parecer ter acabado de sair da fábrica. A criança sente imensa alegria ao ser balançada. De pernas e braços abertos, permanece entregue à sensação de vaivém. Olha para o céu. É interessante notar que a visão dele é muito aguçada: com um simples olhar ele consegue contar o número de folhas da árvore na qual o pneu está preso.

Então, ele conta as folhas, os galhos maiores, os galhos menores e sonha em ter um balanço assim.

"A primeira roda do meu carro." Ele deve ter provavelmente grande atração por automóveis. Isso não foi dito, mas ele expressa de forma clara que essa é a primeira roda do carro dele. Trata-se de uma roda de carro de adulto e não uma rodinha infantil. Ele está deitado confortavelmente nela, sendo balançado. As folhas dessa árvore parecem artificiais, de tão perfeitas e tão sedosas. Parece também que a árvore onde está pendurado o pneu é pequena demais para suportar o seu peso. Enquanto balança para a frente e para trás, diz: "Fico, vou. Fico, vou. Fico, vou..."

Quando o pneu é empurrado para a frente, ele diz: "Fico". Quando o pneu volta para trás, ele diz: "Vou". Murmura essas palavras enquanto balança como o pêndulo de um relógio. Aproxima-se uma moça muito parecida com a mãe dele.

Até pelos óculos ele percebe que ela está chorando. Ele pergunta: "Por que você está chorando? É por minha causa?" Ela não consegue responder e faz que não com a cabeça. Ele diz: "É por minha causa". Ela nega de novo, mas escorrem lágrimas dos seus olhos.

Ele começa a bater no pneu com as mãos fechadas, mostrando certa irritação ou certo nervosismo, um estado alterado de comportamento. Diz: "Mas você não entende. Mas você não entende".

E ela continua dizendo que não com a cabeça, mas se referindo à questão primeira, que era "Você está chorando por minha causa". Mas ele já está numa segunda questão: "Vocês não entendem". Então, o menino sente que de fato eles não compreendem. Talvez ele precise de mais tempo entre uma pergunta e uma resposta; ambas se mesclam na mente dele, que é muito rápida.

A outra imagem mostra um menino bem pequeno brincando com um trenzinho de madeira no chão do quarto, mas ele faz barulho de carro ou de moto, não de trem: "Vrum! Vrum! Vrum!" Bastante interessado no brinquedo, ele o gira em torno de si. Fazendo esse barulho de moto, ele senta no trem e faz o corpo balançar como se estivesse em cima de um cavalo. Então "galopa" pelo quarto fazendo "pocotó, pocotó" e diz: "Meu sonho é ter um cavalo, um cavalo preto, que eu pudesse chegar perto e fosse muito maior do que eu. Que eu pudesse passar a mão e, depois que ele se acostumasse comigo, eu pudesse subir".

Sobre o cavalo, que na imaginação dele é um manga-larga preto e garboso, há uma sela pequena, quase de brinquedo. Em pé, o menino bate mais ou menos no joelho do animal. Ele quer agradar o cavalo, acarinhar crina, cabeça, pescoço. Ele quer que esse cavalo seja manso para ele montar. Uma mão de adulto forte, masculina o coloca sobre o animal. É interessante notar que entre tirá-lo do chão e colocá-lo no arreio parece haver uma longa distância, mas o percurso é feito quase na velocidade da luz. Ele senta na sela e continua o movimento que fazia no trem.

O menino brinca com esse "pocotó", que não é mais de madeira, e sim um belo cavalo de verdade. O animal está amarrado a uma árvore muito grande num pomar e passa a língua no rosto do menino, como se tivesse finalmente compreendido a proposta de H.: um cavalo que fosse amigo dele. As lambidas no rosto mostram afeto, carinho, compreensão. Ele então pergunta: "Por que você está amarrado aí?" E o cavalo diz: "Porque eles têm medo que eu saia em disparada e você caia, eles não confiam em mim. Mas eu confio em você". O menino: "Então por que você não se solta e sai andando sozinho?" E ele diz: "Porque cavalo não tem mão e eu não posso me soltar". O menino responde: "Mas eu tenho mão, eu posso descer e soltar você". O cavalo argumenta: "Se você descer, quem vai te pôr no alto outra vez?" Ele pensa: "É, você tem razão" e espera pacientemente que alguém venha soltar o cavalo. Ele dorme no lombo do bicho, adormece abrindo as mãozinhas e os bracinhos e abraçando a lateral do cavalo, se aconchega nele. O dia escurece repentinamente. O cavalo o acorda e pergunta se ele está vendo as estrelas. O céu está muito preto, mas cheio de estrelas. O menino vira de lado e olha para o céu. É um absurdo, ele é preto como a asa da borboleta, mas repleto de estrelas. É uma coisa deslumbrante, parece céu de cinema, nunca vi nada igual. O menino pergunta ao cavalo para que servem tantas estrelas. "Para guiar a gente quando estamos perdidos", diz o cavalo. "Mas a gente está perdido nas estrelas, como alguém consegue se achar nesse mar de estrelas? Como saberei qual é a estrela certa para me guiar?" E o cavalo: "Você saberá". E ele: "Eu confio em você". E o cavalo: "Eu também confio em você", e abaixa o menino como se fosse um camelo no deserto. Ao descer, ele sai correndo em direção a um terreiro grande e começa a empinar uma pipa – que também faz "vrum, vrum". O menino corre o imenso terreiro e conversa com a pipa. Ele pergunta se ela tem medo de chuva, ao que ela responde: "Se eu tivesse medo de chuva, e não seria pipa, porque a chuva molharia o meu papel de seda e eu derreteria". Ele acha essa resposta tão maravilhosa e lógica que dá razão a ela. Diz: "Pois eu gosto de ser o H. Mesmo quando chove eu sei que a chuva não vai me desmanchar, eu não sou feito de papel de seda, sou forte. Pode vir, chuva, pode vir, temporal, muita gente já choveu em cima de mim!" Ao dizer "muita gente choveu em cima de mim", o inconsciente dele mostra pessoas chorando. A pipa diz: "Você é belo e resistente, sim, à sua maneira". Existe nessa conversa uma sobreposição com *O pequeno príncipe*. Como se alguém tivesse lhe contado essa história, mais precisamente a parte em que a rosa é deixada na redoma e o príncipe conversa com ela. Há uma fusão de duas imagens: daquele asteroide do Pequeno Príncipe, todo azul, e da rosa ao lado. Na conversa dele com a pipa, os azuis também são muito presentes, profundos. A rosa é de um veludo cor de vinho, profundo. As pétalas são tão detalhadas que poderíamos tocá-las, são peludinhas, como se cada poro tivesse vida. É interessante notar que os fundos são pretos, bem escuros, e as imagens, coloridas – há um belo contraste. Não vejo – é a minha sensibilidade dizendo isso – traços de melancolia, tristeza ou luta nesse preto, vejo a cor apenas como suporte para evidenciar as cores.

A outra foto que aparece é de uma escola. O menino observa as crianças cantarem uma cantiga que diz: "Eu sou rico, rico, rico de marré, marré, marré. Eu sou pobre, pobre, pobre de marré deci". Ele acompanha o som discretamente, com o pé direito batendo no ritmo da gritaria e da folia dessas crianças, que parecem muito maiores que ele. Ele se sente menor em tamanho e por isso tem a noção de que, se entrar na roda, é capaz de se machucar. Então não entra na roda, mas só porque teme se ferir. Acompanha a brincadeira, mas com o ritmo do pé. É interessante também no inconsciente dele a presença constante do círculo: o trenzinho, o pneu, a roda no recreio... tudo compõe um círculo que gira em torno dele, mesmo quando ele não participa da ação.

A outra imagem que surge é do apartamento, provavelmente da avó, porque ele diz de leve que "na avó é tudo envidraçado". Há um parapeito de mármore ou granito. O menino vai andando por esse apartamento, passando a mãozinha no parapeito – não sei precisar. Faz várias vezes esse movimento, passando a mão e andando nesse quadrado, nessa caixa fechada com janelas. É como se ele tentasse sentir os contornos desse imóvel, sendo o parapeito o limite da ligação com o exterior. A sala está vazia. Os movimentos repetitivos são quase obrigatórios, ele me parece até um pouco autista – é como se ele fosse obrigado a ficar andando e passando a mão no parapeito. Não há nenhuma emoção; ele não sente prazer no ato, mas também não se sente aprisionado. A carinha que ele faz é a das crianças que recebem ordens para fazer o dever de casa: embora não gostem, é preciso fazer.

A outra cena é mais interessante: ele está sentado no centro dessa sala vazia rasgando uma boneca de pano. Diz: "Eu sou bonzinho" e arranca um braço. "Eu sou bonzinho" e arranca o outro braço. "Eu sou bonzinho" e abre a barriga. "Eu sou bonzinho" e arranca a perna. Vai tirando o algodão de dentro da boneca, afirmando ser bonzinho. A porta se abre e entra uma figura feminina, que pergunta para ele: "Por que você fez isso?" E ele diz: "Porque eu sou bonzinho, eu sou bonzinho, eu sou bonzinho..."

Essa pessoa pega o menino com certa energia, certa firmeza, numa atitude punitiva. Puxa-o em direção ao chão e ele obedece de cabeça baixa, dizendo: "Mas eu sou bonzinho, mas eu sou bonzinho...", levando escondido na outra mão o braço da boneca. O resto dela fica no chão, no meio da sala.

Aparece agora, até como um sinal de basta, um teatro de marionetes, onde há uma cortininha. Alguém puxa essa cortina e diz: "Os bonecos estão cansados, é hora de descansar. Por hoje é só, o espetáculo terminou". Todas as marionetes reaparecem por baixo da cortina, agradecem e saem novamente, porém deixando para fora do palco as perninhas batendo com força nas paredes. Na plateia há crianças que aplaudem esse espetáculo.

Em seguida, há uma cena em que aparece alguém parecido com ele. Não consigo ver bem seu tamanho e sua idade, pois o quarto está escuro, mas ele diz: "Eu quero descansar, eu tenho muita vontade de descansar, estou muito cansado. Preciso descansar, não fazer nada, deitar no capim, encostar o rosto no capim e ouvir o barulho da terra. Queria descansar num lugar onde tivesse muito silêncio, pouca gente, e que a terra pudesse falar comigo. Deitar de barriga para baixo, encostar o ouvido na terra e descansar".

Parte 5. Leituras sobre o amor, a vida e a morte

Voltando às origens

Estou em Lisboa, 19 anos depois de ter lançado *O outro lado da alma* em São Paulo.

Vim a Portugal para atender pacientes que residem aqui e trouxe o firme propósito de escrever um pouco sobre as quase duas décadas que separam a primeira desta edição, totalmente revista. Achei que essa poderia ser uma oportunidade também de atualizar o livro, embora tenha descoberto em minhas investigações que a mente humana não mudou quase nada nos últimos anos.

Antes de tudo, quero agradecer a Luis Pelegrini, que reencontrei recentemente e a quem pedi para que me cedesse os direitos do original lançado pela sua Axis Mundi Editora em meados dos anos 1990. Em poucos dias, recebi em minha casa tudo de que precisava para apresentar à Editora Ágora minha única obra que não constava em seu catálogo.

E agora este livro está em suas mãos!

Minha antiga foto da contracapa foi tirada em 1996 por meu filho Rodrigo Ribeiro, que deu à minha imagem alguma autoridade de mãe e certa firmeza de quem olha a vida de frente sem grandes temores. Fico feliz por ser aquela a imagem que ele viu em mim. Com certeza, visualizou externamente o que tem dentro de si próprio. A nova foto, tirada por Claudio Edinger em 2013, revelou-me uma senhora de meia-idade bonachona e em paz com a vida! Aos dois, agradeço por esses retratos da minha alma – que foi se modificando com o passar do tempo e com tudo que aprendi até chegar aonde me encontro agora: na plenitude de saber que sou um canal (o "osso oco", como dizem os xamãs) por onde passam informações que podem ajudar algumas pessoas a conhecer seu mundo imagético e tudo que ele arquiva na forma de imagens em movimento.

Em 1997, eu tinha 48 anos e muitas "verdades" na minha mente racional. Não havia experimentado nem um décimo das experiências que vivi nos quase 20 anos que se seguiram. Nesse tempo, empreendi uma grande luta para vencer o meu imenso ego, meus padrões e crenças. E, sobretudo, para combater a perfeição das aparências que havia construído ao longo da minha carreira como publicitária. Vencer tal luta talvez tenha sido minha mais árdua tarefa, e ela se mostrou duríssima quando, aos 63 anos, percebi que a ilusão de viver eternamente jovem é tão frágil quanto acreditar que o sol nasce apenas para uma pessoa.

É nesse momento desafiador e doloroso que olhamos para dentro de nós e a verdadeira jornada começa. Quando acreditamos que não há nada real no mundo mecânico, estando o verdadeiro tesouro guardado e preservado em nosso interior – por mais que tenhamos tentado destruí-lo ou substituí-lo por distrações externas que não perduram, apenas passam como fenômenos naturais. Nesse momento, em que seus filhos foram embora, os netos estão interessados no mundo deles e tudo que você diz é reduzido a "não pira, vó"; em que os bens que acumulou já não são uteis porque não há mais cinco pessoas para jantar, sendo um garfo, uma faca e uma colher mais do que suficientes para quem mora na casa... Quando tudo isso nos lembra de que a festa acabou (felizmente) e é hora de iniciar a viagem de volta para dentro de nós próprios... Então, um grande abismo se abre e o recomeçar se faz necessário para o encontro com a verdadeira felicidade. Sou solidária às mulheres que experimentaram correr o risco de deixar tudo para trás e recomeçar a vida aos 60 anos. Sou ainda solidária àquelas que, nessa mesma idade, se deixaram levar pelas doenças, pelas dores do corpo e da alma e partiram deste mundo nessa época espetacular – e muitas foram embora sem entender que havia chegado seu momento de plenitude.

Eu também pensei em desistir. Achei que tinha perdido a alegria de viver e a vontade de sobreviver neste maremoto chamado "início da terceira idade". Mas percebi, certo dia, que fui resgatada pelo meu dom, pela minha fé, pela minha vontade de falar com a matriz divina, de olhar para essa energia poderosa e inteligente e dizer-lhe:

— Estou aqui, na sua frente, abraçada por toda a sua força, e humildemente venho lhe pedir que me reensine a viver!

E mais uma vez recomecei. Voltei a atender meus pacientes da Europa: seres queridos que se sentam ao meu lado sedentos de novas histórias. Os pacientes tornaram o trabalho sagrado para mim. Sua escuta atenta a cada palavra, o respeito pelo material trazido mansamente do fundo dos seus porões, o alento diante do sol que nasce e traz luz a cenas por vezes tão nubladas. O abraço apertado ao final de cada sessão. O "até breve, volte logo!" Tudo isso me deu consciência do meu dom e da minha missão, mostrando-me o verdadeiro significado da minha existência neste planeta. E o que mais posso pedir?

O que mudou na mente das pessoas nos últimos anos?

Do ponto de vista emocional, penso que muito pouco. Sinto as pessoas mais tristes, desiludidas, revoltadas e desapontadas pelo rumo que o mundo tomou. Percebo que as pessoas estão ainda mais sozinhas e se comunicando apenas por computador e smartphone – o que nos dá a falsa impressão de ter dezenas de amigos. Porém, um dia nos damos conta de que eles são virtuais e, quando nos encontramos com alguns deles, percebemos que falta assunto, sendo bem mais fácil teclar que emitir palavras e afetos. O Facebook virou uma enorme sala de espera em que, sem olhar uns para os outros, falamos, reclamamos, discordamos, concordamos, enviamos mensagens de esperança, imagens divinas, frases de efeito que consolam os desesperados, músicas que despertam sentimentos. Como se todos estivéssemos perdidos em alto-mar enviando sinais luminosos sem querer que a guarda-costeira nos encontre.

No entanto, por incrível que pareça – baseada nos meus atendimentos –, posso dizer que o ser humano continua procurando o amor. Que amor? Aquele que julgamos encontrar no outro. No parceiro, no namorado, no amante, nos relacionamentos ainda baseados no romantismo, em que o final feliz não contempla nenhuma dor. Revi as gravações dos atendimentos nesses anos todos e pensei que, se publicasse uma sequência de leituras feitas numa paciente que espelha esse tema de modo forte e persistente, estaria de alguma forma mostrando o todo. E foi isso que decidi fazer.

Começo então com os seguidos anos de imagens captadas da mente da minha cliente, identificada aqui pelas iniciais M. J. Em cada leitura ela procurou, sem cansaço nem desânimo, pelo amor da mãe, do pai, dos irmãos, dos amigos, dos sócios e dos homens. E foi no ano de 2014 que ela finalmente encontrou seu príncipe encantado. Entrou atônita no meu consultório e disse-me, exaltada:

— Finalmente encontrei o meu amor. Estou tão feliz!

Não lembro se choramos, se dançamos, se rimos... Só sei que fazia muito tempo que não via alguém tão exultante. Imediatamente pedi autorização para publicar suas leituras neste livro, que relançaria em breve. M. J. concordou na hora com a minha proposta.

Assim, começo esta sessão com as leituras dessa paciente, que também dá um depoimento sobre o trabalho realizado. E, depois de falar sobre M. J., conto ainda a história de mais dois clientes: R. M. S. e S. M. A primeira, paralisada por um sentimento de inadequação e culpa, procura o grande amor, aquele que poderá ajudá-la a ser feliz de fato. Em suas leituras, temos elementos da mitologia e da natureza. Vale destacar que depois das leituras R. M. S. iniciou um longo processo de autoconhecimento e finalmente se permitiu amar e ser amada.

Já S. M., executivo de 60 anos de idade, esteve comigo em dois momentos: primeiro, quando lutava para se livrar do excesso de materialismo que o imobilizava e feria, bem como para amainar um sentimento de rejeição bastante forte; depois, passados quatro anos de nosso primeiro contato, quando, acometido por uma grave doença, se preparava para deixar este mundo. São historias de amor, de dor e de superação.

M. J. – O amor um dia há de chegar

A primeira imagem que surge é de dor. Você aparece toda acorrentada, com grilhões nos punhos e nos tornozelos, sendo arrastada por um tipo medieval, rude. Você grita como uma louca, com os olhos esbugalhados de tão abertos. A boca está roxa e pode-se ver a campainha no fundo da sua garganta. Você tenta se libertar, mas ele puxa as correntes como se você estivesse totalmente sob o comando dele. Você diz: "Eu não quero ir, eu não quero ir, eu não vou!" Mas como lutar contra essa força?

O homem tem cabelo desgrenhado e unhas malcortadas, muito sujas. Está vestido como um pirata, com roupas pesadas, rústicas, e a puxa aos trancos para um cais. Você sangra de tanto se debater, mas ele não se importa. Puxa-a pela rampa que dá acesso a um barco e a joga no porão da embarcação.

No porão há uma cesta com frutas, galinhas, azeite, água, tudo que você possa imaginar para uma grande viagem além-mar. Você se sente muito mal, não gosta do cheiro do lugar – que é abafado, escuro, sem ar, sem coisa nenhuma. Você está sendo tratada como se fosse um saco de batatas, e não quer isso, mas não há como fugir.

Ao menos você não está mais presa às correntes, mas não pode fugir porque o navio já está em movimento. Você olha pelas escotilhas e só vê mar, mar, mar... O sobe e desce das ondas vai deixando-a enjoada. Você vomita e não tem onde se lavar. É um caos esse porão!

Percebe-se que você é uma guerreira, com grande capacidade de luta, mas depois de ser tão maltratada acaba perdendo as forças e cai no chão. Então, tira de uma espécie de uma caixa um caderninho, pega um lápis mal apontado e escreve um poema cujo título é "Vida amarga":

Aqui engolindo o meu próprio fel,
Longe de tudo que um dia me foi bom,
Atravesso o mar que não sei para onde vai
Entre tudo aquilo que do mundo já não quero mais.
Como se eu fosse um caminhão de ferro-velho vou sendo esquecida
No porão dessa barcaça mal definida
Cuja cor externa desconheço
Não vejo a bandeira de onde parti
Não vejo o mapa de aonde vou chegar
Sei que de mim foi tirado tudo
Foi tirada a capacidade de amar.

O homem que você descreve no poema entra no porão e sai carregando duas galinhas esganiçadas. Você olha para a cena e tapa os olhos disfarçadamente, como quem diz: "Eu não mereço ver isso, isso é muito feio, é muito ruim". Ele sobe e solta a tampa do alçapão. Agora você finalmente entendeu como ele funciona.

Então, durante a madrugada, você espera que a embarcação fique silenciosa. Subindo uma escada de madeira, você levanta a tampa do alçapão vagarosamente e, depois de tanta escuridão, vê o céu coalhado de estrelas. Aquilo lhe provoca tamanha emoção que você começa a tremer. Talvez porque agora consiga respirar.

Você sai do porão e caminha na proa. O tempo está frio e úmido, mas a visão do céu e do mar, o vento entrando pelas suas narinas, alimentando os seus pulmões, o cheiro de sal, tudo isso compensa o que possa a vir a acontecer nesse momento de desobediência. O fato é que você não mais se prestará a ficar no porão. E toma uma decisão: se alguém se aproximar para castigá-la, vai se atirar no mar sem medir as consequências. E pensa: "Se os tubarões vierem me devorar, tanto faz. Não quero mais me preocupar com pessoas que me atacam e me fazem tanto mal. Já suportei mais que poderia, e a minha decisão agora é essa. Se alguém se aproximar para me magoar, me maltratar ou me aprisionar novamente, eu me atiro no mar".

Ao tomar essa decisão, você parece encontrar paz, pois passeia pelo convés como se estivesse numa praça. Olha aqui, olha lá, senta numa cadeira, levanta, caminha, vê o nascer do sol – algo deslumbrante no meio daquela tormenta negra.

Você começa a respirar mais profundamente, sentindo a emoção que a visão da natureza lhe provoca. Então se senta numa cadeira e chora. Ao sentir as lágrimas escorrerem pelo rosto, você estranha, pois não se julgava mais capaz de sentimentos primários como o choro.

Você toca o próprio rosto, lambe os dedos para sentir o gosto salgado das lágrimas e diz: "Valeu a pena, tudo valeu a pena. Não importa mais. Só por este momento valeu a pena". O sol nasce por completo e revela o convés do navio. Você não o tinha visto ainda, e se dá conta de que se trata de um galeão bastante velho, com o piso de madeira rangendo, as velas abertas, ainda que rasgadas.

Você começa a passear pelo galeão, sem temer as consequências de ser encontrada pelo seu algoz. E descobre, de repente, que está num navio fantasma. Sem tripulação nem comandante, sem torturador. Você está só.

Sua primeira atitude é abrir a porta do porão e jogar fora tudo que se encontrava lá, absolutamente velho, apodrecido, cheirando mal. Você sobe e desce, descartando tudo. Acho que nunca trabalhou tanto na vida!

Por fim, o porão fica vazio. Você varre o compartimento, junta tudo e joga no mar a sujeira e as cinzas restantes. O porão está limpo e vazio. Não há mais nada ali que você possa tirar.

Você então nota que o leme do navio é de madeira, à maneira das embarcações inglesas. E diz: "Vou mudar meu rumo, vou voltar para onde sempre fui feliz. Não quero saber para onde esse navio vai. Eu não vou. Agora só vou para onde eu quiser". E começa a virar o leme, mas o navio é muito grande para ser virado assim, como se fosse um carrinho de corrida. Ele não faz a curva tão fechada quanto você esperava. O galeão estala, geme, e as velas começam a se soltar. A embarcação se parte ao meio.

Então você vê que é inexorável. Não há mais como consertar o navio. Ele precisa afundar, embora você tenha feito todo o esforço possível para limpá-lo. Você vai atrás do pequeno barco salva-vidas, entra nele, pega o remo e agora começa a remar sozinha num mar calmo e azul. O sol brilha. Não há nada que a assuste.

Porém, você se lembra de repente de que o barquinho não tem provisão nenhuma – não há água, frutas, comida – e se apavora por estar só, num barco pequenino, sem recursos. Então, você volta para o grande navio que afunda. Só há um pedaço dele boiando. Num esforço titânico, você entra no que restou da embarcação e procura por alguma provisão. Acaba encontrando apenas um pouco de água. Não há mais nada, pois você esvaziou o porão. Mas você insiste, pressentindo que ainda existe algo lá.

Você anda pelos poucos pedaços expostos do navio, mas encontra apenas uma garrafa, não sei se de vinho ou de azeite. Você volta para o pequeno barco. E, nele, assiste ao galeão afundar levando consigo conteúdo, vivência, experiência, sofrimento. Tudo isso acabou. Agora não se vê mais o galeão.

Você dá um grande suspiro, aponta o barco para o horizonte ensolarado e começa a cantar a música dos anõezinhos da Branca de Neve: "Eu vou, eu vou, pra casa agora eu vou..." E diz: "Vou voltar para minha casa. Lá, vou recomeçar". Remando, com a boca rachada por falta de água, você faz novamente um esforço brutal para sobreviver. Rema, rema, rema. Então, um transatlântico gigantesco aparece no horizonte. Você tira a roupa, amarra-a ao remo e faz uma bandeira buscando ser vista, mas ninguém a vê.

Você vai ficando muito triste. Pensa que ninguém reconheceu o esforço que você fez para sobreviver. Exausta, você se encolhe sobre si mesma e cai no sono. Tomba e dorme. Pela primeira vez na vida seu barco vai seguir sem o seu comando. Vai seguir com as marés, as ondas. Você não manda mais nada, pois não tem mais forças.

O barco vai e vem, levado pelas marés, durante toda a noite, até que aporta numa prainha muito selvagem, branca, clara. Você acorda com o sol a pino e percebe que está segura. Pula do barco. Não há nada nele que você possa apanhar.

Você adentra a ilha devagar. De repente, escuta tambores e maracas. Pensa: "Meu Deus, aonde eu vim parar?" E espreita por entre a folhagem. Vê um conjunto de ocas. Índios tocando maracas e tambores, fogo, homens e mulheres dançando: um ritual.

Você fica ali, de olhos arregalados. Parece que eles se dão tão bem, são tão amigos... Uma tribo fazendo o mesmo movimento. Então eles param, você caminha até eles mansamente e diz: "Desculpe, não quero atrapalhar vocês, mas não resisti a essa bela música. Vocês me aceitam no grupo? Posso participar?"

E o xamã, o pajé, o cacique diz: "Claro que sim. Você é tão bonita! Da onde veio?" E você responde: "Do fundo do mar". O diálogo continua:

— Então você é uma sereia?

— Não, sou uma mulher, mas vim do fundo do mar, do mar dos afogados.

— Como você chegou bem para quem veio afogada! Então está ótimo! Junte-se a nós.

E você começa a conviver com essa tribo e até se veste como eles. Trança o cabelo, adota seus costumes. Gosta, é gostada, sente-se integrada. Porém, um dia cisma em voltar para casa. Eles lhe explicam que você vai passar por um istmo e chegar ao continente e lhe dão um cavalo. Você monta o animal e penetra numa floresta densa. Terá de desbravar esse caminho para encontrar seu caminho, sua casa. Você passa noite e dia montada no animal, observando tudo, curiosa, e muito atenta para não se perder.

Você não nota, mas a tribo inteira a segue. Observam-na, vigiam-na, cuidam para que não se perca. Você não os vê, pois não olha para trás. Eles, por sua vez, não querem se revelar, pois a conhecem bem e sabem quanto valoriza o próprio esforço para conseguir as coisas sozinha.

Você cavalga até uma ponte e atravessa-a. Depois da ponte surge uma aldeia, uma fazenda, uma cidadezinha. Os habitantes estão muito ocupados. Alguns abanam um homem sentado num jardim, outros lavam roupa, fazem pão, vendem víveres. O lugar fervilha de atividades.

Todos a olham quando você adentra a praça principal. Você é diferente deles. Alguns querem conversar, mas há um tipo de afastamento, como se eles quisessem dizer que você não pertence ao lugar. As pessoas sorriem, mas estão distantes. E você, sozinha no meio daquela multidão, sente-se isolada.

Até que chega a um coreto onde uma banda toca, regida por um maestro. Ele diz:

— M. J., você por aqui?

— O senhor sabe o meu nome?

— Claro que sei o seu nome, eu a vi nascer. Por onde você andava? Tem muita gente preocupada com você. Você desapareceu. Para onde foi?

— Mas onde estão essas pessoas preocupadas comigo?

— Ah, você demorou tanto para voltar que já não sei delas... Algumas partiram, outras morreram... Tudo está muito mudado por aqui.

— Mas eu quero participar deste lugar. Sei que pertenço a ele!

— Naturalmente você vai participar. Vou lhe dar um conselho do fundo do coração: procure uma escola de teatro que acabou de abrir aqui e vá fazer aulas. Você precisa lidar com as emoções na sua raiz natural. Precisa conhecer as emoções humanas das quais foi afastada a vida toda. Sempre lhe mostraram situações dramatizadas para você pensar que aquilo era emoção. A real emoção sempre lhe foi escondida. Você não as conhece nem pode ainda falar delas. Vá vivenciá-las para conhecê-las. Para sentir o que é saudade, amor, compaixão, rejeição. Todos esses sentimentos lhe foram vendidos em pacotes de presente, mas não foram sentidos, o que faz que as pessoas a olhem como se você estivesse congelada. E de fato você está. Você fez uma grande viagem no porão de uma existência em que nunca lhe foi revelada beleza da verdade. Beleza essa que você procura por todo lugar onde você vai. Porém, você terá de treinar a beleza dentro de si, terá de *ser* a beleza. E, quando conseguir esse intento, as pessoas vão desejar ficar ao seu lado. Mas essa é uma estrada a percorrer. Você terá de vivenciar os sentimentos até discernir quais deles pertencem a si e quais pertencem aos outros. Porque quem não consegue amar não é M. J., mas alguém que está no seu lugar pedindo-lhe que represente esse sentimento como ela viu. Ela conheceu o amor de maneiras que não gostaria de sentir.

O maestro prosseguiu:

— Não adianta fazer tratados e tratados de psicologia. É hora de conhecer de perto os sentimentos. Dar o braço para ser beliscado, as costas para ser arranhadas – conhecer os sentimentos para então se libertar de alguns e caprichar em outros. Assim você verá que vale a pena continuar a buscar o seu lugar no mundo. Não um mundo particular, nem o mundo dos outros, mas aquele onde você e os outros coabitam. Só assim você se sentirá plena. E isso não tem nada que ver com sociedades, organizações, clube, nada disso. Tem que ver com o despertar dos seus sentimentos. Você é como a Bela Adormecida, que ainda pequena foi enfeitiçada e paralisada a ficou à espera de que um grande amor a viesse despertar. Esse amor virá, mas é bom e necessário que você esteja desperta antes de ele chegar, pois assim tudo será mais fácil. E vocês terão mais tempo para viver essa relação, na qual você se sentirá outra pessoa – porque não vai *pensar* em sentir, apenas vai sentir. É essa a chave que lhe abrirá todas as suas oportunidades de ser. Intensamente ser. Não aquela que abre as portas para receber, mas a que entra com o grupo para usufruir. Então você verá que realmente valeu a pena remar.

A montanha e o sultão

A primeira imagem que aparece é você subindo uma gigantesca montanha. Você está vestida para isso, usa botas e carrega uma mochila. Tem na mão um bastão de esqui e sobe com força, vontade, valentia. Seu caminhar é seguro; seu passo, firme. Você vai desbravando a montanha com foco e empenho, até que chega ao topo dela. Então mira o horizonte e vê o sol nascendo, laranja e amarelo, subindo atrás do mar. Você solta o bastão, abre os braços para esse sol e ele penetra seu coração, aquecendo-a. Você baixa o rosto como quem recebe um novo tempo, um novo amanhecer, uma nova benção. Está plena e pronta para esse encontro com o sol.

Você olha para baixo da montanha e vê uma multidão seguindo seu caminho. E pensa: "Eu não queria isso... Queria desfrutar sozinha. Aqui é bom e acolhedor, preenche-me, não quero esses seguidores todos. Vou fingir que não estou aqui". Então sai pelo lado esquerdo e vai andando pelo topo da montanha.

De repente, surge um ancião extremamente feio. Ele mal pode andar; de cabeça baixa, baixa, apoia o corpo num cajado, trêmulo. Tentando fugir da multidão, você sem querer esbarra no velho, que cambaleia para a frente e para trás. Então se dá o seguinte diálogo:

— Mil perdões, eu não vi o senhor! Desculpe mesmo, mas estou muito apressada.

— Apressada para quê?

— Quero escapar de umas pessoas que estão subindo rapidamente a montanha. Não quero conversar. Estou num momento em que quero receber toda a luz, pois o sol está nascendo, o senhor viu?

— O sol nasce todos os dias.

— Eu sei, eu sei, mas é que fiz uma grande caminhada e calculei que quando chegasse ao topo o sol entraria no meu peito. O sol estava aqui, conforme planejei, mas percebi que vinha gente atrás de mim e não quero lidar com isso, o senhor entende? Desculpe, não é nada contra o senhor.

— Alto lá — diz o velhote. — Você não vai entrar nessa selva. Tem muito jaguar aí dentro, todos famintos porque foi um longo inverno. Não entre ou será atacada por eles.

Você recua, põe a mão no peito como se já estivesse protegendo o coração e exclama:

— Não me diga isso!

— Digo — retruca o ancião. — Eu vim para protegê-la. Saí da minha caverna e ela não é perto daqui. Fiz um sacrifício enorme para chegar aqui antes que você fosse devorada. Recue, volte para o lugar de onde veio.

Você pensa: "Bem, não era o que eu queria, mas também não desejo ser devorada por jaguares nem por nenhum outro felino, então vou voltar". E começa a voltar de costas olhando para o velhinho. Ele a segue, mas não consegue acompanhá-la. Então você bate as costas nas pessoas que estavam subindo. À frente delas há um homem, e esse líder pergunta:

— Epa, M. J., você quer cair da montanha?

— Não, não quero — você responde meio mal-humorada. — Não quero cair, mas é que eu estava olhando para aquele senhor. Estou preocupada! Olhe o jeito como ele anda, todo trôpego! Se eu ficasse olhando para ele e ele caísse, eu poderia segurá-lo!

Então o homem diz:

— Turma, vamos fazer uma roda, vamos nos sentar e contemplar o nascer do sol.

— Como assim? — Você pergunta. — O sol já nasceu faz tempo. Eu o contemplei sozinha. Os raios entraram aqui no meu peito como se fossem asas de anjos. Uma sensação tão prazerosa, tão deliciosa, tão gostosa, uma coisa para viver sozinha. Não dava para viver isso em grupo.

— Por que você foge do grupo?

— Imagine, eu não fujo de ninguém. Só estava querendo ter um instante só meu — você retruca.

— Acabou. Instantes só seus acabaram. Agora você vai conviver. Vai para o mundo. Agora você vai ser feliz. Vai interagir com as pessoas, criar elos e relacionamentos.

E o velhinho concorda:

— É isso mesmo. Ou isso ou a boca do jaguar.

Você responde, agoniada:

— Não, não quero a boca do jaguar!

O ancião assente:

— Então se volte para eles e ouça o que eles têm a lhe dizer. Ficarei aqui esperando você. Se sentir que a experiência é intensa demais, venha deitar a cabeça no meu colo. Afagarei seus cabelos e lhe contarei as histórias que você gosta de ouvir. Mas por enquanto não há nada a fazer a não ser viver.

Aí você volta para o grupo tímida, torcendo os dedinhos, como se tivesse 5 anos de idade. Cabisbaixa, entra no grupo. Eles estão sentados na posição de lótus, formando um grande círculo, todos de olhos fechados. Então, com extrema dificuldade, você se integra ao grupo. Senta-se num lugarzinho que se abre entre duas pessoas. O líder do grupo diz:

— Agora vamos todos dar as mãos.

Você dá a mão, mas a sensação é desagradável. Você recua. Ele diz:

— Você tem de dar as mãos.

Então você obedece, dando as mãos para os parceiros da esquerda e da direta, mas sem entusiasmo nenhum. Parece não estar muito a fim dessa história de grupo, de mãos dadas, de intimidade.

Você olha para o velho e ele a chama:

— Venha cá, deite no meu colo, vou passar a mão na sua cabeça, acolhê-la e lhe contar uma história.

Você sai do grupo, senta aos pés dele, apoia sua cabeça em seu colo e ele começa a brincar com os seus cabelos. O velho diz:

— Vou te contar uma história. Uma história muito antiga, que se passou num palácio de um sultão.

Ele tinha um quarto cheio de gavetas, nas quais guardava sua coleção de pedras preciosas provenientes de todos os lugares do mundo. Esse sultão tinha uma filha e muitas mulheres, mas só uma conseguiu engravidar. Certo dia, ele disse a suas esposas: "Doarei minhas pedras preciosas a quem me der um filho, meu reino a quem me der dois filhos e meu coração a quem me der três filhos". E a filha única do sultão ficou muito preocupada: "Se alguém der três filhos ao meu pai, ele terá de doar o próprio coração e morrerá". A partir desse dia, a menina nunca mais dormiu. Passava as noites batendo na porta do quarto de todas as mulheres e perguntando se elas já estavam grávidas. Vigiou as mulheres durante toda a adolescência. Não queria que nenhuma mulher ficasse grávida e ela perdesse as pedras preciosas, o reino e o pai.

Os anos se passaram e, quando ela fez 18 anos, o sultão deu uma linda festa para apresentá-la a todos os príncipes de seu reino. Foi uma comemoração indescritível, cheia de flores, de música, de mulheres lindas e bem-vestidas.

Ao ser apresentada aos príncipes, ela aparece num andor coberto por flores e carregado por quatro escravos. Tímida, recolhida em si própria, com grandes olhos que observavam tudo, a moça foi posta no centro do salão. Ao descer da liteira com a ajuda do pai, cumprimentou discretamente todos os convidados, cuidando para que seu olhar não cruzasse com o de nenhum daqueles príncipes. Mas um deles recebeu um aviso no coração. Aproximou-se muito vagarosamente. Olhou para ela e notou que os olhos deles tinham a mesma cor, e o cabelo, o mesmo tom.

— Você quer ser minha esposa? — ele perguntou.

Assustada, a moça recuou três passos para trás e disse:

— Eu ainda não estou preparada para casar.

— Por quê?

— Porque tenho de vigiar as esposas do meu pai.

O príncipe fica curioso e murmura:

— O quê? Por que motivo você vigia as esposas do seu pai?

— Para que elas não tenham bebês.

— Como assim? Um sultão precisa ter muitos filhos para cuidar de todas as suas propriedades.

— É que meu pai disse que se uma mulher lhe der um filho, ele ganhará as pedras preciosas dele; se outra lhe der dois filhos, ganhará o reino; se outra ainda lhe der três filhos, ganhará seu coração! Não posso correr o risco de meu pai ter de doar o próprio coração!

O príncipe olha para ela incrédulo e diz:

— Meu Deus, como isso é possível? Temos de conversar com o seu pai.

Então, o príncipe solicita uma audiência ao sultão e pede que a princesa o acompanhe.

No dia da audiência o sultão pergunta:

— A que devo tão honrosa visita?

— Meu senhor, eu queria muito me casar com sua filha, mas ela não quer se casar comigo.

— Por que motivo? Você é pobre?

— Não, senhor — responde o príncipe.

— É doente?

— Não, senhor.

— Você já é casado?

— Não, senhor.

— Então, qual é o problema?

— O problema é que ela vigia as suas mulheres — responde o príncipe.

— Como assim? — o sultão pergunta, sem entender nada.

Então o príncipe conta toda a história.

O sultão exclama, com uma expressão que chega a ser poética:

— Meu Deus! Como fui congelar o coração da pessoa que mais amo nesse mundo?

— Pois é, às vezes usamos uma expressão para reforçar determinado sentimento e uma criança toma aquilo como uma lei. Sua filha não quer se casar para que o senhor não perca o coração.

O sultão então abraça a menina muito e forte e diz:

— Esqueça o que eu disse. Não se preocupe. Vou mudar os meus juramentos. À mulher que me der um filho, darei minha melhor pedra preciosa. À que me der dois filhos, darei um pedacinho do meu reino para que ela possa plantar e ter o que comer pelo resto da vida. E à que me der três filhos, darei o coração do meu melhor camelo para que ela o guarde num lugar secreto e sempre obtenha dele as maiores emanações de poder, como atravessar todas as adversidades da vida e atravessar desertos serenamente.

Isso enche de alegria o coração da menina, que então diz ao príncipe que aceita casar-se com ele. O príncipe a abraça e há uma grande festa de noivado, mas as mulheres do sultão não gostam nada disso, pois acabaram perdendo muito. A filha do sultão revela-se sua única preciosidade. Quem quer uma única pedra preciosa, um pedaço de reino, um coração de um camelo?

Assim, as esposas do sultão dizem que não o querem mais, pois a recompensa para lhes dar filhos é muito pequena. O sultão põe as mãos na cabeça e diz:

— Quer dizer que nesta casa nunca existiu amor, apenas interesse? Se eu não puder entregar meu coração a quem me der três filhos eu já não valho mais a pena? Se não puder dar meu reino não tenho valor? Se não puder doar todas as minhas pedras preciosas sou um zero à esquerda?

E todas as suas esposas respondem:

— Pelo que você está oferecendo, você não vale a pena.

— Então vocês não me amam? Amam apenas aquilo que possuo?

— Sim, essa é a verdade — dizem elas.

O sultão fica muito bravo, exaltado, e retruca:

— Fiz escolhas erradas na vida, minha filha. Só escolhi quem tem interesse pelas minhas posses. Não escolhi ninguém que gosta de mim.

A filha olha para ele e volta-se para o príncipe, como quem diz: "Será que estou fazendo a mesma coisa que meu pai?"

Mas o príncipe, muito inteligente, percebe tudo e diz à moça:

— Não se preocupe, não quero nada do que é seu. Você e seus olhos. Você e os seus cabelos, Você e as emoções que você me transmite. Quero estar com você. Não quero o seu dote.

O sultão se ofende. Como o príncipe recusa um dote disputado por todos os príncipes de todas as aldeias? Então o príncipe diz que não vai se casar com a moça e sai do palácio muito triste.

As mulheres do sultão ficam exultantes, pois a moça não se casará nem terá filhos. "Aqui se faz, aqui se paga", dizem elas. A princesa sente-se arrasada e o sultão, mais ainda. As mulheres vão todas embora e ele fica só, sentado no trono, pensativo. "Onde foi que eu errei? Será que eu não soube comunicar meus sentimentos? Será que coloquei os bens na frente do coração? Preciso aprender a me comunicar, a expressar corretamente meus sentimentos. Fiz um estrago danado na vida da minha única filha, que tanto amo! Mas já sei o que fazer. Pedirei ao meu mensageiro que vá a Londres e pergunte ao rei se ele conhece alguém que me ensine a comunicar o amor. Aquela família parece tão feliz... Terei aulas e minha filha também, e aprenderemos a comunicar o amor."

Logo chega o professor inglês, muito bem-vestido, todo pernóstico com seu terno de linho e seu chapéu, suas polainas, suas luvas cheias de botõezinhos.

— Pois não, senhor sultão, o que posso fazer pelo senhor?

O sultão conta toda a longa história dele, da filha, das mulheres e do príncipe.

O professor diz:

— Ah, mas essa é uma tarefa muito simples.

— Simples? — pergunta o sultão, incrédulo.

— Muito simples. Tire a sua roupa de monarca e vista uma roupa de cidadão, tire a roupa de princesa de sua filha e ponha nela uma roupa comum. Saiam os dois pelas ruas sem nada que denuncie quem são. Ao se relacionar com as pessoas, vocês perceberão como se compartilha o amor. Se perguntarem seu nome, diga que não tem nome. Se perguntarem o nome da sua filha, diga que ela também não tem. Deixe que as coisas fluam.

Passem pelo mercado e comprem frutas, legumes, flores, vinho e vão fazer um piquenique no parque. Lá vocês encontrarão outras pessoas e começarão a conversar. Perceberão, então, que às vezes não é preciso ter nome nem sobrenome para a gente se divertir num parque sob um lindo dia de sol.

E assim eles fizeram.

Você acredita que o sultão se casou com a florista? E sua filha se casou com o homem que passava de bicicleta e perguntou se ela gostaria de tentar fazer o mesmo? Hoje eles vivem tão felizes! O sultão no reino dele, a princesa no reino dela – onde o mais importante é ser feliz, dar risada, tomar sol pela manhã.

Quando o velho acaba de contar a história, a menina o está observando com os olhos muito arregalados. Ele pergunta:

— Como você se sente agora?

Ela se levanta, se integra ao grupo – que está ao redor de uma grande fogueira – e percebe que começa a observar as estrelas com os olhos de todas as pessoas. E finalmente nota que as mãos dela vão caminhando em direção às mãos daqueles que estão ao seu lado. E ela finalmente se entrega, como se tivessem lhe tirado uma árdua missão. Livre, ela pode perceber que na lua, lá no céu grande e estrelado, mora um dragão – que não é mau, apenas foi aprisionado para não assustar mais ninguém que queira libertar o coração.

E assim a história termina. E assim ela descobre como era simples a vontade que trazia escondida na solidão.

Elefantes e segredos

A primeira imagem que surge mostra você num campo de batalha. Nua, veste apenas um barril de madeira com alças, como suspensórios. Você está no meio de um campo de batalha e recebe muitos tiros. É como se você estivesse num paredão e soldados a metralhassem.

Apesar de ter certa resistência, o barril é tão alvejado que se abre como uma flor, expondo sua nudez a um batalhão de pessoas que começam a rir de você. Riem sem parar, deixando-a absolutamente envergonhada, diminuída. Você tenta tapar suas partes mais intimas, mas é impossível. Quanto mais tenta se cobrir, mais percebe que é inútil. As pessoas a encaram como se você fosse o bobo da corte, um palhaço de circo. Elas se regozijam por terem destruído sua frágil armadura de madeira.

Extremamente desconfortável, humilhada e sentindo-se abusada, você começa a andar de costas, tentando fugir, e esbarra nas patas de um elefante todo pintado, que mais parece uma obra de arte. Em cima dele há uma cadeira em que fica seu guia ou treinador.

Com a tromba, o elefante a agarra pelas pernas e a coloca sobre a cadeira. Lá embaixo, as pessoas continuam a gargalhar, chegando até a se contorcer. O homem diz:

— M. J., vamos embora. Eles não vão parar de rir.

E você assente triste, de cabeça baixa.

O treinador conduz o elefante algumas centenas de metros adiante, longe o bastante para que ninguém mais a veja. Porém, você continua escutando as gargalhadas e isso lhe provoca uma imensa dor interna, um frio na barriga. "Não acredito, não acredito que esteja passando por isso", você pensa, sentindo-se extremamente rejeitada e excluída. O elefante caminha por uma espécie de savana africana, com vegetação baixa, e chega a uma tenda. Nela há aquelas mulheres africanas que põem colares de ouro no pescoço para alongá-lo.

O cabelo delas é todo enfeitado, usam grandes brincos, colares, anéis e pulseiras. O condutor do elefante diz:

— Madre, traga uma roupa para essa menina. Ela está nua.

Então uma das mulheres traz uma espécie de sári africano, amarelo com triângulos vermelhos, e o estende a você. Você pega e se enrola todinha nele.

O elefante se abaixa, você desce e pede licença para entrar na tenda, licença que lhe é prontamente concedida por uma mulher:

— Pode entrar, minha filha. Sente-se onde quiser.

Na tenda há um homem negro, de cabeça raspada, deitado numa rede. Magro e alto, ele tem lindas pulseiras de prata do punho até o cotovelo. São joias maravilhosas! Ele começa a bater palmas e os adereços emitem um som mavioso.

Você pergunta a ele:

— Desculpe, estou invadindo a sua casa?

O africano responde:

— Imagine! Que roupa bonita você está usando! Foi a madre que te deu?

— Não, ela não me deu nada, apenas me emprestou.

— Mas por que você perdeu suas roupas? Ficou pobre?

— Não, não fiquei pobre, mas minhas roupas foram arrancadas e eu fui crucificada.

— Você foi crucificada? Fez mal a alguém? Você é Jesus Cristo?

— Não, não sou Jesus Cristo nem fiz mal a ninguém. Mas parece que as pessoas não aguentam a minha presença!

— Por quê? Sua presença irradia algo que as deixa incomodadas?

— Eu não sei, não sei! — você responde exasperada. — Mas as pessoas parecem fazer questão de me deixar em situações constrangedoras e fico sem saber como agir. Então eu saí correndo e esse senhor do elefante fez a bondade de me trazer até aqui.

— Ah, você não era desejada na sua casa? — questiona o homem.

— Não sei.

— Quando você nasceu, já havia outras pessoas na sua casa?

— Sim, sim. Minha família já estava constituída. Eu sou a caçula, a última.

— Entendi... Sabia que no dia em que você nasceu os sinos das igrejas soaram?
— Não... Quando nasci não ouvi badalos de sino, e se tivesse ouvido não saberia do que se tratava, pois nasci inocente.

O velho retruca
— Não, você não nasceu inocente. Nasceu sabendo de tudo.
— Como assim?
— Enquanto você estava na barriga da sua mãe, ela escrevia cartas em que revelava vários segredos. Você ouvia tudo, pois ela lia as cartas em voz alta, como se quisesse conversar consigo. Ela era muito triste e solitária, sabia?
— Não, não sabia. Eu estava dentro da barriga dela.
— Na verdade, você estava lá dentro, mas vivia tudo o que você ouvia e via no mundo de fora. Você tinha radares, e todos sabiam disso. Por isso, quando você nasceu, eles segredaram entre si: "Nasceu a espiã! Ela veio para nos espiar, para nos delatar, para contar para todo mundo quem somos realmente".
— Mas não entendo, não delatei ninguém, nunca contei nada!
— Pode ser que sim, pode ser que não, mas você sabia de tudo. Você ouvia tudo e as pessoas cochichavam longe de você. Então elas fizeram um pacto: "Não vamos contar a ela a verdade inteira, apenas fragmentos". Porém, você sabia a verdade toda antes de elas contarem, e não escondia que sabia. Assim, elas perceberam que você roubava os segredos delas, que não adiantava cochichar. Você sabia de tudo com seus enormes olhos bem abertos.

O homem prosseguiu:
— Certo dia, com 2 ou 3 anos de idade, você ouviu dizer que chegaria um navio, e todos iriam vê-lo aportar. Você percebeu o movimento da casa: as mulheres se arrumaram, se perfumaram, puseram joias de ouro muito bonitas e também pulseiras que faziam barulhinhos. Então, todas entraram num carro preto. Você tentou ir junto, mas elas a impediram.

Uma senhora mais velha que passava por ali e a viu chorando perguntou:

— Mas por que ela não pode ir?

— Porque ela não pode ver o que nós vamos ver — responderam.

O carro foi embora. Você ficou muito triste; sentou-se em sua cama e começou a puxar os cabelos de uma boneca. A tristeza foi virando ódio, raiva, revolta. E você jurou se vingar de todas essas mulheres que nunca deixaram você participar inteiramente dos segredos delas.

Quando voltaram, um pouco mais tarde, as mulheres traziam presentes embrulhados em lindos papéis furta-cor, cheios de laços. As meninas se sentaram no chão da sala, que tinha um tapete colorido, e começaram a abrir os pacotes. Riam de felicidade, punham roupinhas sobre o corpo para ver se serviam...

Você não recebeu nada. Apenas observou de longe. Na hora do jantar, com todas à mesa, você perguntou:

— Por que só eu não ganhei nada?

E as meninas, que pareciam as irmãs postiças da Cinderela, caíram na gargalhada.

Seu coração se entristeceu. Novamente você jurou que um dia se vingaria delas.

O tempo foi passando e você continuou sofrendo: elas iam a festas, você não; elas tinham lindos vestidos, ao contrário de você. Só lhe legavam restos e trapos. Ao tentar dizer como se sentia, as mulheres retrucavam: "Você não sabe todos os nossos segredos. Só a metade".

Até que um dia você olhou para elas e disse: "Vocês ainda vão me pedir de joelhos algo que eu não lhes darei". E saiu mundo afora colecionando belezas. Pedras preciosas, roupas finas, sapatos de todas as cores. Aquelas mulheres ficaram com muita raiva de você.

Então elas juraram em segredo, na cozinha de azulejos, perto de um fogão branco, que você perderia tudo. Que pouco a pouco elas lhe tirariam absolutamente tudo. E assim tem sido. Elas têm cumprido o juramento. Toda vez que você adquire algo elas lhe tiram um pedaço – seja física ou mentalmente. Até uma página de um livro seu foi arrancada. Elas não admitem que você seja melhor, mais poderosa que elas. Você não pode saber tudo. Só metade.

Não perceberam que você vê tudo, conhece o segredo inteiro. E você prefere não se manifestar, por medo de ser ridicularizada. Mas no fundo do seu coração você sabe realmente quem te amava e como elas também queriam esse amor. Roubando pedacinhos seus elas tentam roubar o amor que você teve por inteiro. Elas a ridicularizam, atiram-lhe olhares ferozes. Você se sente tão machucada e invadida que fica pobre por dentro, quase sem nada. Suas qualidades não conseguem se sobrepor à sua mágoa.

Nesse momento, você começa um longo diálogo interno.

"Elas querem meu pedaços porque não são completas como eu. E eu me deixo abater porque entrego a elas, sem reclamar, pedaços meus muito preciosos. Mas isso não vai continuar assim. Terei uma conversa franca com elas e lhes direi que não tenho culpa de ter nascido naquele lugar. Não nasci para roubar o lugar nem o amor delas. Apenas fui ocupar o lugar que era meu.

Não, não vai adiantar. Elas vão me ridicularizar e tudo continuará na mesma. Que faço então? Subo no elefante e vou viver com pessoas que não me conhecem e gostam de mim como sou? Tenho certeza de que as pessoas que conheço não vão mudar. Já sei! Vou comprar um amuleto para me proteger. Acho que será o único jeito de parar de sofrer. Porém, não usarei mais escudos de madeira nem roupas frágeis. Usarei pra sempre um traje de escafandrista, daqueles bem antigos e espessos.

Elas querem o amor que não têm, mas isso eu não posso dar, nem posso ensiná-las a obter. Ou você nasce dele e cresce com ele, ou o desenvolve. Amor não se compra. Elas pensam que podem roubar de mim uma coisa que tiveram pouco. Uma coisa que deixaram do outro lado do mar. Agora é muito tarde. Uma já se foi. A outra não sabe onde buscar. Não sei se sinto compaixão, se devo perdoar. Só não quero mais me expor a essa situação. Elas querem pedaços de mim. E como cobras, olham para mim e me hipnotizam. E eu fico imóvel sendo vilipendiada.

Não quero mais ficar sob o poder de ninguém, mas também não desejo entrar em guerras que podem causar muitos prejuízos. Tenho de me proteger, talvez enviando a elas, por meio de pensamentos, muito amor. Sinto que sempre fui a preferida, mas não quero causar feridas. Assim, só me resta emanar para elas o amor. Não aquele que é meu por direito, mas o amor universal. Façam o que quiserem com ele, mas me deixem em paz.

Não posso mais deixar que o olhar hipnótico dessas serpentes me deixe cheia de dúvidas, de ódio e de culpa. E o pior, passo a desconfiar de tudo e de todos, o que também não é justo. Não são apenas vampiros que se aproximam de mim, mas de tanto sofrer me isolo de todos.

Mas, por mais que tentem me prejudicar, sei que não vim para incomodar. Quando nasci, os sinos de todas as igrejas tocaram em comemoração. Eu sei quem sou, mas elas me fazer esquecer disso. Aí, perco a razão e digo coisas que depois me fazem mal. Eu não sou assim. Não tenho culpa por elas nunca terem conhecido o amor.

Sei que vim para iluminar escuridões oriundas de grandes navios. Da próxima vez que o navio aportar, estarei lá para vê-lo. Não vou ficar em casa achando que se esqueceram de mim. Vou fazer questão de ir na frente, no colo do meu pai. E, quando o motorista perguntar para onde vamos, meu pai dirá: 'Para onde ela escolher', e eu vou dizer que quero ir para o cais. Quero ver o navio da verdade chegar. E assim vou saber dos segredos todinhos, do começo ao fim."

Agora uma luz entra, é como se antes você estivesse no lusco-fusco. A cortina se abre e vê-se uma plateia cheia. As luzes se acendem e todas as pessoas aplaudem essa menina, que parece estar interpretando um papel.

Cinderela

A primeira imagem mostra você no alto de uma montanha. À sua frente, o sol ocupa todo o céu. Seu peito está aberto e o seu coração, que pulsa forte, apresenta três cores: vermelho, laranja e, no centro, amarelo-ouro. Seu coração entra no sol e volta, entra no sol e volta... Seu rosto traz um sorriso tão calmo e tranquilo que fica difícil acreditar no tema que você trouxe. Porém, passo a acreditar no tema quando olho para seu corpo e vejo que você está descalça, com os pés apoiados numa serpente gigante cujo rabo está assentado no centro da Terra. O animal se enrola todo no planeta, mas você, no topo da montanha, mantém os pés sobre ele.

A cobra não tem escamas, e sim couro, além de uma boca enorme e olhos pequeninos. Em sua boca circula sangue e ela mostra uma língua negra. Ela sente seu peso sobre o corpo dela. Você está longe da cabeça e do rabo. Ela mira o universo, virando a cabeça para lá e para cá. A serpente a observa, mas você nem percebe, pois está tomada pela entrega do seu coração pulsante ao sol.

De repente, seu braço direito começa a crescer e suas unhas tornam-se compridas, como se fossem postiças, e vermelhas. Suas unhas vão caminhando pelo corpo da cobra, como se fossem perninhas, até a sua mão atingir a cabeça do animal. Você esmaga o pescoço dela, que agoniza, mas isso não abala você. Seu rosto mantém-se impassível e você continua a apertar. Então ela força, se encolhe e morre. Vai murchando e desaparece, como se não houvesse existido.

Você finca os pés no pico dessa grande montanha. À sua direita há um ovo. À sua esquerda, um pássaro sob seus pés. Todo esse processo está se passando apenas do seu joelho para baixo. O resto permanece imutável. O ovo é grande como o de um avestruz e o pássaro, de médio porte, tem aparência doce.

Então você começa a andar sem sair do lugar. Pisa no ovo, pisa no pássaro. Pisa no ovo, pisa no pássaro... O ovo se abre e de dentro dele surge uma cachoeira muito poderosa – que escorre de uma montanha de pedras entre árvores e flores, hortênsias, orquídeas, avencas. Nua, com os cabelos negros batendo na cintura, você se banha. Parece uma indiazinha fundida ao paraíso. Seus olhos estão fechados enquanto a água prateada cai sobre a sua cabeça.

Na floresta próxima da cachoeira, um homem moreno – um índio, ao que parece – a observa e caminha em sua direção sem fazer barulho, como se fosse um animal selvagem. Ao observá-la com seus lindos olhos amendoados, ele se pergunta de onde você surgiu. Ele chega mais perto, você ouve o ruído de passos, abre os olhos e imediatamente se cobre, como se tivesse vergonha do próprio corpo. Ou como se sentisse algum tipo de culpa.

— Não, não se cubra! Deixe-me olhar para você, uma criatura tão linda! — pede ele.

Mas você tenta ocultar o corpo e puxa o cabelo para se esconder. É como se você fosse uma visão incômoda, embora na verdade seja uma mulher em plena fusão com a natureza. Ele vai se aproximando e você tenta se esconder, envergonhada. Então ele puxa seus braços e a desnuda. Você cruza as pernas, baixa a cabeça para que o cabelo esconda os seios. Pensa: "Não quero que me vejam, não quero me revelar, não quero que me toquem enquanto estou assim".

Mas ele a abraça e começa a beijá-la ardentemente, forte, másculo. Beija atrás da sua orelha, põe o seu cabelo de lado, e você continua incomodada, meio endurecida de um homem tão fogoso, até meio selvagem. Você parece perder o ar e o afasta.

Ele recua e vai para a margem do rio, enquanto você sai da água e começa a escalar as pedras. Completamente fascinado, ele diz:

— Você parece a virgem de Botticelli saindo das águas. Por que você está subindo?

— Para que você veja o meu melhor ângulo — você responde.

— Seu melhor ângulo? Mas seu melhor ângulo é a sua alma! — ele exclama.

Ao ouvir isso, você afunda nas águas de novo, ergue-se num só impulso e pergunta:

— O que você quis dizer com isso?

— Eu não vejo você, eu vejo a sua alma, e amo o que vejo. Você tem uma alma de prata. E quando essa alma brilha para mim ela me lembra do poder das mulheres, e eu me rendo a isso. Eu me rendo a você.

Você se fecha de novo, como se tivesse ficado envergonhada com as palavras do homem. E retruca:

— Então você está dizendo que o meu corpo não o encanta, apenas a minha alma.

Ao que ele responde:

— O que é a alma fora do corpo? Simplesmente não existe. Quando a alma está no corpo, o conjunto brilha ou não brilha. E o seu conjunto brilha.

Você novamente se encolhe e pergunta:

— Mas você me trocaria por outras mulheres?

— Como vou trocar alguém que acabei de encontrar, mas vou aprender a amar profundamente? Alguém que vai envelhecer ao meu lado? Isso não passa pela minha cabeça, só pela sua. Onde você perdeu seu espelho?

Quando ele diz isso, esse cenário de floresta se fecha em si e surge um quarto onde há um espelho oval numa armação de madeira. Numa cama de casal colonial, toda rebuscada, está uma mulher em estágio avançado de gravidez. Ela quer se ver grávida. Olha-se, vira, desvira e abre as pernas. Então surge a cabeça de um bebê. Ele tem pouco cabelo, mas os fios são pretíssimos. A mulher faz força para a criança nascer e estica o pescoço para ver o reflexo da cena no espelho. E ela vai fazendo força, fazendo força, até que a criança sai todinha. Dolorida, a mulher senta na cama e puxa para fora o cordão umbilical, a placenta, as vísceras ensanguentadas saídas do útero. Coloca tudo isso no chão e começa a gritar:

— Eu não tenho tesoura para cortar esse cordão! O que vou fazer? Esta criança vai carregar a placenta para o resto da vida e vai achar que esse é o espelho dela!

Então a mulher sai correndo com as pernas abertas e começa a chamar por "Vi", ou "Vicente", algo assim, pedindo uma tesoura. Ela olha pela janela e vê um jardineiro podando uma gameleira e dando forma de bola à árvore. Ela grita e pede a ele que lhe leve a tesoura. Quando homem entra no quarto, ela vê aquela tesoura enorme e diz:

— Não podemos cortar o cordão umbilical com essa tesoura. Ela é muito bruta. Um corte assim violento vai marcar a criança. Pegue uma tesoura de cortar unha, menorzinha. Pegue a tesourinha da caixa de costura.

Logo entram empregadas com bacias e panos. Finalmente alguém traz uma caixa de costura forrada de cetim contendo uma tesourinha de cabo trabalhado. A mulher pega a tesoura e começa a cortar o cordão, mas não dá certo: o objeto acaba "mordendo" o cordão, como se não desse conta de seu volume e densidade.

O jardineiro põe as mãos na cabeça e exclama:

— Ela não pode nascer assim! Ela vai guardar essa memória!

E a mulher, desesperada, diz:

— Esse vai ser o espelho dela!

Inconformado, o jardineiro decide agir. Vai até o jardim, traz uma bacia de camélias, põe-nas ao redor da criança como se fosse uma coroa de flores, tapa os olhos dela e diz à mulher:

— Faça essa barbaridade que deseja fazer. Mas um dia você terá de contar a verdade a ela, pois ela gravará esse gesto tão rude de amanhecer. Essa menina nasceu para ser bela e para gostar de tudo que é belo. A vida dela será cercada de beleza. Mas ela não pode ter a memória desse nascimento cheio de brutalidade, em que as coisas foram tratadas com tanto desdém. É preciso ter cuidado com a memória, pois ela vai muito além. Não quero que ela veja isso. Não quero nem que saiba que isso aconteceu. Vou levar para o meu jardim tudo que restou, mas é tudo dela. Vou enterrar ao pé da minha mais bela gameleira o que foi malfeito e ela vai se esquecer.

A mulher que acabou de parir diz:

— Chega de tonteiras. Você inventa poesias. Essa menina vai me cobrar isso até o dia em que eu morrer.

O jardineiro recolhe a placenta e o cordão, volta ao jardim, faz um buraco, enterra tudo e cobre com grama. A mulher observa tudo lá de cima, enquanto a menina é cuidada: dão-lhe banho, vestem-na de bordados, colocam nela uma touquinha e a deitam no berço.

Uma das empregadas comenta com uma colega:

— Essa menina vai incomodar. Quando ela entrar na adolescência, a bruxa má vai fazê-la espetar uma agulha no dedo e ela vai adormecer e se esquecer de que viver é um ato de amar.

E, depois de passar vários anos dormindo, o príncipe vai aparecer e vai beijar a boca dela. Essa menina vai acordar e florescer. Nesse instante, toda essa maldição vai desaparecer, e ela sentirá que finalmente valeu a pena nascer.

As empregadas saem e entra um homem de terno, muito bem arrumado, perfumado, com uma gravata muito bonita. Ele olha a menininha e diz:

— Que coisa mais engraçadinha! Parece uma bonequinha!

A mãe do bebê, deitada na cama, diz:

— É, mas ela vai crescer.

— Sim, vai crescer e ficar cada vez mais bonita, mais princesa, mais presença — retruca ele.

— Só se for para você — ela responde com desdém. — Os outros nem vão notá-la. Ela vai passar despercebida.

O homem rebate:

— Não posso crer que você pense assim. Ela é a minha favorita, o que não a impede de ser a favorita de outros também.

E a mulher faz um gesto de "isso é o que nós vamos ver".

Essa história funde com a da Cinderela. É a Cinderela de mãos dadas com o pai vendo chegar a madrasta com as duas filhas. E a menina diz:

— Papá, não gosto dessa nem das filhas dela.

E ele responde:

— Você vai ter de se acostumar. No meu reino deve haver família.

A mulher desce com as duas menininhas. Elas se olham e já percebem que aquilo não vai ser bom. A mulher diz:

— Estas são as minhas filhas, e essa aí é a sua filha.

A menina treme todinha e pensa: "Neste lugar não cabe mais ninguém. Só eu e o meu pai. O resto eu não vou deixar entrar". Porém, a mulher entra no castelo com as duas filhas e domina tudo, mandando a menina dormir com os empregados, os ratos, os gatos, os cachorros e os cavalos. Mas a fada-

-madrinha prometeu-lhe que haveria um baile em que ela encontraria o príncipe e deu a ela um lindo vestido.

Tudo acontece como prometido. Ao encontrar o príncipe, ela se transforma numa mulher confiante e percebe que tudo não passou de um pesadelo. Que, afinal, ela tinha sido retirada de um lugar da casa que era só dela.

Agora ela vai crescer e se tornar uma mulher muito melhor. Vai compreender que há lugar para todos no mundo. Seu coração derreteu; molinho e flexível, ele caberá em muitos outros lugares. Ela entenderá que o príncipe que veio para seus braços a ajudará a ter o próprio castelo, os próprios filhos, o próprio mundo. Não é mais necessário competir com ninguém. Ela será livre para amar e para dar e receber. Essa história tem de acabar. Ela então virará a página e recomeçará com outro brilho no olhar. E assim estará tudo certo. Não haverá mais com que se preocupar.

Depoimento de M. J.

Tenho por Izabel Telles e por seu trabalho profunda gratidão. Graças ao seu dom, venho me engajando num profundo processo de autoconhecimento. As imagens relatadas fazem-me olhar para o que tem de ser visto, para o essencial. Não me reconheço mais. São notórias minha transformação e evolução. Nem meus amigos me reconhecem mais. Passei a vivenciar a verdadeira liberdade depois de trabalhar problemas pessoais e familiares.

Izabel tem sido uma ferramenta essencial no meu desenvolvimento pessoal. Realizo uma leitura a cada três ou quatro meses desde que soube ser possível escolher um tema específico. Tenho sido muito ajudada por essas imagens descritas por Izabel – imagens essas que eu mesma não saberia descrever com tanta riqueza de detalhes, como aquelas da infância na casa dos meus pais com minhas irmãs. Ela as descreve melhor que eu. O fato é que procuro me desenvolver cada vez mais e Izabel tem me auxiliado nesse percurso – não só com imagens, mas com comentários e conselhos.

A história de R. M. S.

A primeira imagem que surge é você numa praia, bastante brava porque o navio partiu sem você. A embarcação apita indo para o infinito, para o além-mar.

— Que absurdo, fiquei sozinha! — você exclama. Então, senta no chão, chora, sapateia, levanta, anda para lá e para cá, pega pedras e conchas, joga-as no mar.

Sentindo-se injustiçada, dispensada, esquecida e desconsiderada, você olha para o horizonte e vê o navio minúsculo, do tamanho de uma caixa de fósforos. O sol está se pondo. Você então pega uma saída de praia, cobre os pés, encosta a cabeça nos joelhos e se abraça, balançando o corpo para a frente e para trás, como se estivesse embalando a própria solidão.

O céu começa a escurecer e surgem milhares de estrelas brilhantes e a lua crescente. Uma estrela cadente cai sobre o mar e você olha para tudo com os olhos vermelhos de tanto chorar, cheios de lágrimas, e diz:

— Por que, por que eu tenho de passar por isso? Essa sensação é tão ruim... O que vou fazer agora?

Cansada de tanto refletir e chorar, você se deita na areia e pega no sono. Acorda no dia seguinte com a sensação de ter dormido demais. O sol está a pino. À sua frente está um centauro. Meio homem, meio cavalo, de cabelos cacheados, ele carrega um arco e flecha e aponta para Deus, no céu.

Você se assusta e, deitada de costas, se apoia nos cotovelos e vai se arrastando para trás.

— Não me faça mal, não me faça mal!

— Calma, ninguém vai lhe fazer mal, eu vim pra conversar com você — ele afirma.

— Ai, que susto! Eu nunca vi nada igual na minha vida, nunca pensei em ver um centauro, me desculpe! — você responde, desolada.

Ao que ele retruca:

— Você passou a noite olhando as estrelas e as constelações, e me viu. Sou Quíron, o grande curador, que vem em socorro dos que precisam de ajuda. Eu vim para curar você!

Ainda muito assustada, você demonstra medo, apreensão.

— Não tenha medo de mim, eu sou Quíron, o centauro dos centauros! Um grande curador, você vai ser curada agora! — ele insiste.

— Não posso, não consigo respirar! Nunca pensei que isso fosse acontecer comigo, me dê um tempo!

— Claro, todo o tempo do mundo...

— Quando eu fico nervosa, preciso andar, preciso ficar sozinha, preciso pensar.

— Muito bem, ficarei caminhando pela praia ou subirei naquelas rochas. Tome o tempo de que precisar, não tenha pressa, estarei aqui à sua espera.

Você agradece e caminha em direção a uma floresta exuberante. Caminha em meio à natureza olhando para trás, temendo que o centauro a esteja perseguindo. Mas ele continua na praia. Você vai andando pela mata e escalando pedras até que, sobre uma imensa rocha, avista uma casa maravilhosa, moderna, de vidro.

Você abre a porta da casa e se senta na sala, que é decorada com pedra e madeira e tem uma linda lareira. Com o coração na boca e tremendo, você começa a falar sozinha.

— E agora, o que vou fazer? E se ele vier atrás de mim e me encurralar? E se eu ficar sem saída? Preciso ir embora, preciso sair correndo!

E, já tomando providências, pega uma sacola e começa a enchê-la de objetos.

— Preciso ir para algum lugar seguro, estou com medo! — você chora.

Você abre portas, fecha portas, vasculha gavetas, coleta roupas, panos, toalhas... tudo muito improvisado, na correria. Até que chega a uma cozinha interessante, cujas janelas dão para a selva. Uma empregada uniformizada, que parece ralar legumes, se dirige a você:

— Nossa, calma! O que aconteceu?

— Eu preciso ir embora, eu preciso ir embora agora!

— Mas a senhora acabou de chegar!

— Mas eu tenho de ir embora, tenho de ir embora — você responde, aflita e ansiosa.

— Bom, então eu largo tudo aqui e não faço nada — diz a empregada. — Afinal, só tem a senhora aqui!

Então você parece tomar mais contato com a realidade.

— É verdade, todos foram embora, estou sozinha.

Você sente uma tristeza, uma espécie de rebaixamento, e cai numa poltrona moderna e confortável. Fica olhando pela janela e vê o mar – muito bonito, eu diria até cinematográfico –, mas experimenta uma sensação de isolamento, de solidão, de perda. É uma sensação de vazio, de frio dentro da alma.

O sol começa a se pôr, o mar vai ficando prateado e surgem as primeiras estrelas. Então, batem na porta. Você desperta como se estivesse dormindo, ou hipnotizada, ou anestesiada, e diz à empregada:

— Não abra, não abra, por favor! É ele! Não sei ainda o que vou fazer, não pensei no assunto! Não abra!

A servente concorda, mas a campainha toca novamente e você começa a arrastar móveis até a porta, empilhando-os, como se não quisesse ver, como se não quisesse a cura, como se não quisesse ter um diálogo com aquela aparição maravilhosa, única na sua existência.

Sem entender nada, a empregada tira o avental e sai de fininho, sem que você perceba. Completamente só na casa, você passa a cerrar as janelas, as cortinas, as trancas. A casa fica completamente escura e você tem medo até de falar sozinha, teme que a ouçam e invadam o lugar.

Fechada naquele lugar, como se numa caverna, você vê atônita que bilhetes começam a passar pelo vão da porta de entrada. Pega um deles e lê:

"Eu sou a cura. Desci do mais alto do céu e vim curar você. Basta olhar nos meus olhos e eu olhar nos seus; como um raio X potente, vou curar você de toda a sensação de abandono, medo, depressão, tristeza. Você vai parar de achar que não foi incluída, que foi esquecida ou que o mundo não a vê. Eu vou inclui-la na roda da felicidade. Abra a porta para mim".

Você faz que não com a cabeça, muito amedrontada, e grita:

— Eu não quero ver, não quero ver, não vou abrir! — e rasga o papel, atirando-o na lareira. — Eu não vou ouvir, você não vai entrar!

Então você ouve o som de cascos se afastando do jardim lentamente, voltando para... você não sabe para onde.

Sob a porta, há mais um bilhete, no qual se lê:

"Você não imagina quanto amor traz dentro de si, nem como esse amor vai lhe trazer mais 50 primaveras de alegria, de cores, de dança, de flores, numa vida que você nunca sonhou".

Você rasga o papel, atira-o também ao fogo e vai para o quarto, onde se cerca de travesseiros: parece um urso na caverna. Apaga todas as luzes tremendo, toma uma espécie de remédio e dorme. No dia seguinte, ao acordar, você não sabe dizer as horas, pois cobriu tanto a casa que não consegue saber se é dia ou noite!

Abatida, com olheiras, arrasta um pedacinho da cortina, põe o ouvido na porta, vê que não tem mais papel nenhum, arrasta os móveis e finalmente abre a porta. O jardim está vazio e lindo. Você começa a se acalmar, olha pra aquele mar maravilhoso, espicha o pescoço e sente que passou. Pensa: "Pareço estar mais forte. Vou descer. Vou à praia".

Começa a descer a encosta, mas logo surge a insegurança novamente. Você teme cair, tropeçar, perder o controle, mas consegue chegar à praia. Não há mais Quíron. Você começa a caminhar pela areia e encontra um homem muito velho, sentado à beira da água. Diz a ele:

— Bom-dia, meu senhor!

— Bom-dia — responde o homem.

— O senhor está precisando de alguma coisa? Está com frio?

— Não, não estou com frio, estou é muito triste.

— E por quê?

— Minha filha, eu esperei 300 anos para ver Quíron, e lá na minha aldeia disseram que ele viria para cá na noite passada, a fim de encontrar alguém escolhido a dedo por ele, e que ele daria a essa pessoa todas as benesses que o cosmo pode dar a alguém. Vim só para ver esse encontro, mas a pessoa não apareceu. Quíron permaneceu um longo tempo na praia, andando pra lá e pra cá, entrou na mata e voltou um longo tempo depois, bastante triste. Não houve o encontro! Eu estou para morrer, você não sabe a minha tristeza, meu coração está cheio de espinhos.

Você cai na real, despenca no chão e diz:

— Conte-me mais sobre isso! O que falam sobre esse assunto na sua aldeia?

— Ah, minha filha... Que Quíron, o centauro dos centauros, vem ao mundo apenas uma vez, e passa muito tempo decidindo a quem vai curar. Disseram-me que noite passada ele viria curar uma moça triste, que sentia que tinham partido e se esquecido dela. Ele veio para devolver a ela tudo que lhe foi tirado, e mais: para incutir vida, alegria em suas células. Vim assistir a esse encontro porque me disseram que se eu lhe assistisse poderia me sentir melhor. Então pensei: "Não vou morrer sem ver isso, não mesmo. Vou a pé, de carro, de mula – do que for preciso –, mas farei todo o possível para tocar nas franjas desse milagre". Mas a pessoa escolhida não veio! Estou muito, muito triste, pois não vou conseguir curar a mim mesmo! A senhora consegue compreender a minha dor?

Você dá um grande suspiro e diz:

— Desculpe, eu sou a causadora da sua dor, mas não queria isso.

— Como assim, moça? Por que você diz ter me feito mal? — o ancião pergunta.

— Porque a pessoa escolhida era eu!

— Você? E por que você não veio?

Você responde:

— Porque eu não acreditei, ou não me achei merecedora, ou não tive o alcance de perceber... Não sei ao certo o que lhe dizer! Senti tanto medo que me fechei. Não tive coragem de aceitar a cura!

O velhinho a abraça e ambos choram. Então ele diz:

— Não, eu não me conformo. Vamos ficar esta noite na praia, chamar Quíron e pedir desculpas a ele. Vamos explicar que não estávamos preparados para receber a mensagem dele. Podemos fazer um arranjo de flores, trazer frutas, acender uma fogueira para chamá-lo de volta!

Descrente, você nega com a cabeça:

— Mas isso não é possível!

— É preciso tentar. Por você, mas também por mim.

Assim, ambos começam a preparar a oferenda a Quíron. Você volta para a casa e traz flores, frutas, pedras, conchas, argolinhas douradas... Juntos, vocês constroem uma linda mandala na areia, e acendem pequenas fagulhas, chamando por Quíron sem parar.

Até que, às três da manhã, ele surge por trás de uma rocha, mais lindo do que nunca. Você corre e abraça o tronco dele, enquanto o velhinho encosta a cabeça na barriga desse cavalo lindo. Você passa a mão no rosto dele, nos cabelos cacheados, e diz:

— Me perdoa, me perdoa...

E ele responde.

— Não faz mal. Você era a escolhida! Eu nunca iria embora sem curá-la. Eu não parti, fiquei aguardando que você reconsiderasse a oportunidade. E você reconsiderou, porque ouviu seu sábio interior, e sentiu que isso era um divisor de águas na sua vida. Olhe nos meus olhos, eu olho nos seus, e você verá que acabou todo o sofrimento, qualquer sensação de inadequação, de abandono, de culpa. Tudo que você sentiu até agora será diluído dentro dos meus olhos. Então você verá o sol nascer neles, e esse será seu momento. Sua vida nunca mais será a mesma. O navio vai voltar e você vai embarcar – não como uma passageira qualquer, mas como uma rainha que embarca cheia de flores, aplaudida por todos em fila. Todos os tripulantes beijarão seus pés e lhe pedirão perdão, um por um, e você será a gloriosa comandante desse navio, sentindo que a felicidade é muito maior do que você imaginava.

Nesse momento, o velhinho pergunta:

— E eu? E eu?

Quíron diz:

— Você vai voltar para a sua aldeia e dizer a todos que parem de reclamar, pois agora você tem força para trabalhar, para reerguer o que for preciso, para recomeçar. Chega de queixas e choradeira. Eu lhe devolverei os músculos, a força e o poder.

O velhinho sai correndo, você abraça o Quíron e vê o navio voltando para buscá-la. Passa, então, a acreditar que milagres existem, porque um deles aconteceu com você.

S. M. – Construindo a vida sozinho*

A primeira imagem mostra uma oficina antiga, onde um ferreiro trabalha numa imensa fornalha. Ele trabalha o ferro com um martelo pesado. Tudo é muito ruidoso, pois ao tocar o ferro quente o martelo produz um ruído ensurdecedor.

Sentado num canto da oficina há um menininho. Vestido como adulto, ele usa calças cortadas na altura do joelho, suspensórios e camisa branca. Tem cabelo liso e tampa os ouvidos com as mãozinhas, pois não suporta o barulho – estridente, metálico e bruto – produzido pelo ferreiro. Além disso, o homem ouve música muito alta.

De repente, o homem nota a presença do menino. Para o que está fazendo, chega perto do garoto e pergunta:

— Você não vai trabalhar?

E o menino, ainda com os ouvidos tampados, faz que não com a cabeça.

— Aqui não fica ninguém sem trabalhar. Ou você trabalha ou sai — grunhe o ferreiro.

O menino se levanta e, temeroso, se aproxima da fornalha. O ferreiro pede que ele segure a ponta de um metal incandescente, o qual ele pretende martelar. Enrola uma estopa no ferro e ordena que o menino o segure. Ele o faz. Porém, assim que o trabalho começa, a criança começa a tremer, refletindo a vibração do martelo. O garoto é muito pequeno, tem no máximo 6 anos.

O homem grita:

— Você está com medo? De quê?

Não é que o menino esteja com medo, ele está tremendo em consequência da vibração das marretas.

---

* Agradeço à companheira de S. M., que me cedeu as gravações e a autorização para publicá-las.

O ferreiro diz:

— Você é um fraco, não serve para nada, nem para aguentar o peso desse trabalho. Pode ir embora. Este é o lugar dos fortes, dos destemidos, é um lugar para heróis. Você não é herói nem forte, então vá embora.

O menino larga imediatamente o ferro pesado e sai ainda vibrando – há uma vibração de quem foi submetido a duras provas.

Caminha pela rua com as mãozinhas sobre o estômago, como se estivesse se sentindo fraco, sem coragem. Olha para trás muitas vezes, observando o clarão da oficina produzido pelo fogo. Ouve a música alta e o som metálico do martelar do metal. Chega a parar, mas prossegue, concluindo que não adianta voltar. O homem não vai chamá-lo de volta.

A cidadezinha faz fronteira com uma grande floresta escura e fria. Ele entra nela e vê muitos bichos estranhos.

Pássaros voam. Ele cobre a cabeça com a camisa, pois está com medo desse ambiente inóspito, desconhecido. Até que vê uma caverna de pedra sob uma árvore. Entra nela e coloca várias pedras na abertura, procurando selá-la. Então, tampa os ouvidos e esconde o rosto entre as pernas, como se estivesse enfrentando uma situação muito difícil. Há barulho lá fora, aves guinchando.

O menino passa bastante tempo ali, fechado numa espécie de depressão. Sente-se isolado, teme o outro e o mundo, tem medo de ser atacado ou invadido.

De repente, ele ouve passos fortes pisando as folhas e os galhos secos. Alguém está removendo as pedras da entrada da caverna. Ele se assusta mais ainda e entra cada vez mais fundo, até que chega ao final da gruta, a cabeça batendo no teto e as costas apoiadas na pedra dura.

Então, ele percebe que um homem conseguiu desbloquear a entrada e está dentro da caverna. É alguém buscando refúgio.

Quando o homem se vira, vê apenas o branco dos olhos do menino, e o menino vê apenas um vulto. E cada um dá um grito maior que o outro, de medo daquele encontro inesperado e assustador. O menino tenta ainda buscar mais profundidade, enquanto o homem se afasta dele em direção à entrada. Há um hiato entre eles. Ambos se evitam, ficando por muito tempo paralisados e sem ação. Até que o homem tira do bolso um isqueiro, junta palha e folhas do chão e faz uma pequena fogueira, que clareia a caverna. Ele vê o menino e o menino o vê. Eles percebem que não são olhares maléficos nem ameaçadores. Mas a caverna começa a se encher de fumaça, uma fumaça insuportável, como num incêndio. Ambos precisam sair dali. O homem começa a tirar as pedras da entrada, mas o menino não quer sair desse lugar, e vai se defendendo e se afundando cada vez mais. Até que o homem percebe que o garoto morrerá sufocado.

Decide, então, salvá-lo. Salta sobre o fogo, pega o menino no colo e o leva para a entrada da caverna. É quando se dá conta de que esse menino está abandonado há muito tempo. Seu cabelo está todo desgrenhado; a pele, suja e maltratada – ele se parece com o Mogli. O homem percebe que o menino está magrinho, mal-alimentado, definitivamente um morto-vivo. Trata-se de um menino que ficou no mundo das cavernas, sem contato com as pessoas.

Ambos saem da gruta e embrenham-se na floresta, onde encontram uma clareira verdejante. Nela, vê-se uma casinha com fumaça saindo pela chaminé, vacas e carneiros. O homem pega o menino pela mão e bate na porta. Uma mulher, ainda enxugando as mãos no avental, atende.

O homem diz:

— Encontrei esse menino em um lugar onde ele não deveria estar, numa caverna, sozinho e faminto, assustadíssimo! Esse menino sofreu algum trauma, ele precisa de ajuda. A senhora poderia cuidar dele?

Ela estende os braços e diz:

— Com certeza eu cuido dele.

Então, leva-o para dentro. A casa é bonita, cheia de vasos com rosas, fogão a lenha aceso, mesa posta com pão recém-assado, leite na chaleira. Tem cheiro de casa de floresta, é adorável! A mulher conduz o menino até o banheiro, onde há uma banheira antiquíssima. Traz um grande jarro branco com água morna e banha o garoto demoradamente. Veste-lhe um pijama de flanela e leva o menino para a mesa da sala de jantar.

Então ela vê como o menino é bonito: ele tem traços finos, cabelos muito pretos e lisos; é uma criança bastante diferente, única.

A mulher põe leite num prato fundo e acrescenta pedacinhos de goiabada. Dá ao garoto essa papa e o "adota" (não de modo formal). Ensina-o a andar a cavalo, a brincar com os carneirinhos, a tirar leite da vaca. Ele brinca nessa "pequena fazenda", em contato com a natureza. Descobre a força do sol, o poder das estações. Experimenta laranjas, figos, uvas.

De vez em quando, ele olha para a casa e vê a mulher atarefada, estendendo roupa, bordando na varanda. Ela tem as habilidades do mundo feminino, enquanto ele descobre a natureza por si próprio. Aos poucos, torna-se um homem forte e determinado, muito valente e corajoso. Um dia, durante o jantar, tomando sopa, ele diz que vai voltar à cidade. Ele percebe que uma lágrima escorre dos olhos da mulher, que disfarça o choro com o guardanapo e diz:

— Faz muito bem! Vou lhe dar tudo de que você precisa para começar a sua vida na cidade.

Dá umas moedas a ele, faz um farnel com pão e frutas, oferece-lhe a carroça e um dos seus cavalos mais bonitos. Ele diz que não quer a carroça, apenas o cavalo. Então, põe os arreios no animal, amarra tudo que ganhou da mulher (seus únicos pertences) na sela e começa a grande viagem de volta para a cidade.

É um moço bonito, parece um caubói no seu cavalo. Passa por colinas e rios, como nos filmes americanos, atravessando a grande floresta. Ao parar para descansar, ele abre o farnel e encontra um relicário oval, pequenino, com uma foto dele ao lado da mulher – é uma recordação de um contato de afeto e amor. Ele guarda o objeto com muito carinho no bolso da jaqueta, perto do coração.

O moço prossegue sua longa viagem. Ao se aproximar do fim da floresta, encontra a caverna onde estava e decide visitá-la. Porém, percebe não consegue entrar lá nem de cócoras, e pergunta a si mesmo como aquele homem conseguiu entrar lá e salvá-lo.

Quem teria sido aquela pessoa que o ajudou? Um anjo? Ele desiste de tentar compreender, de tentar descobrir a quem agradecer. Então, deposita na entrada da gruta um pouquinho de pão e de frutas. O homem sente que deve agradecer, fazer um ritual.

O moço segue viagem e, no caminho, passa por inúmeras situações difíceis: tempestades, árvores caídas. Ele é obrigado a fazer novos caminhos, a ir e vir. Mas finalmente avista a cidade.

Sua primeira atitude é ir à serraria para ver o ferreiro. Ele anda bastante para chegar lá. O caminho agora é diferente de quando ele era menino. Depois de buscar muito, ele encontra a serraria.

Porém, no local não existe fogo, música nem ferro. Há apenas um homem extremamente velho sentado numa cadeira no fundo do imóvel. Ele ainda tem um rádio, e ainda escuta música nesse rádio. O moço ajoelha-se na frente do velho e tenta olhar em seus olhos para conversar, para relembrar a história desse lugar. Mas o velho põe as mãos no ouvido fazendo sinal de que é surdo. O pouco que ele houve é dedicado à música. Ele não quer ouvir mais nada. Então o menino escreve num pedacinho de papel o que houve com a sua vida e mostra ao ancião. Este tampa os olhos, como se dissesse "Eu não sei ler" ou "Eu não quero ler". Então o rapaz percebe que não há diálogo, não há história, sendo impossível remontá-la. É melhor esquecer.

Ele deixa a serraria, fecha a porta de correr e pega uma estrada absolutamente reta, que vai dar num grande sol. À direita e à esquerda desse sol começam a brotar sementes da terra, como se alguém tivesse semeado trigo ou algodão. Quando o moço passa pela estrada, tudo começa a florescer.

A paisagem florida mostra que o caminho desse homem é dourado, pleno de possibilidades, de realizações no campo da fertilidade econômica. Mas ele fez esse caminho acontecer absolutamente sem ninguém.

Ele anda em direção ao sol, forte, com a coluna ereta, autoritário, dono do seu destino, mas não faz conexões, não consegue recuperar a própria história. É como se dentro dele não tivesse sido possível acompanhar uma história masculina herdada pela genética, pela criação ou pela educação. E existe uma ligação com o feminino que é distante, porém nutrida. E ainda uma ligação espiritual fortíssima que ele não consegue reconhecer. Não há respostas, só hipóteses. O homem segue sua vida, com altos e baixos, mas não conseguiu integrar o homem, a mulher e o espírito.

É como se essa trindade estivesse presente, mas solta, o que o impede de conectar essas forças para reconhecer os milagres que aconteceram em sua vida, especialmente na infância.

S. M. e a dificuldade de partir

A primeira imagem que surge é você, sozinho, num barco branco, num lago igualmente branco. Tem nas mãos uma luneta de aço inoxidável, poderosa, grande, que vai se abrindo em gomo e lhe propicia cada vez mais visão.

Você usa um cinto cheio de equipamentos, como aqueles que os astronautas carregam nas missões. É um cinto de couro, como o dos marceneiros antigos, mas não contém ferramentas apenas aparelhos eletrônicos: celular, rádio, tablet. Tudo muito eletrônico e moderno, embora o cinto tenha bolsos de couro bastante antigos.

Você está na proa dessa embarcação, ajustando, puxando os gomos dessa sua luneta visionária, dessa sua necessidade de ir além. Tenta enxergar o que está lá adiante.

Então a lagoa começa a se ampliar e se transforma na nascente de um grande rio. Você fica contente por deixar aquela calmaria e rema em direção a uma dessas nascentes. É como se você tivesse entrado num afluente de um rio como o Amazonas.

Mata à direita, mata à esquerda. Mata fechada, com muitos macacos pulando de galho em galho, dando aqueles guinchos, como se avisando a floresta que um navegador que não é da espécie deles apareceu. É como se você fosse um descobridor. Na sua mente, você está num barco entrando em terras a ser desbravadas. São novos territórios, você está curioso.

E os macacos, que são o símbolo dessa curiosidade, estão pulando, gritando, avisando o bando: "Está chegando um intruso na nossa área!"

É um homem curioso, um navegador solitário, um descobridor de novos mundos. Vem sozinho, mas tem uma luneta poderosa! E essa luneta perscruta a copa das árvores — bonitas e altíssimas, tocando o céu muito azul.

De repente, a luneta foca a cara de um macaco engraçado, com o rosto sem pelo, meio avermelhado, sobrancelhas gigantes muito peludas, olhinhos negros. Ele lhe mostra a língua e você exclama:

— Seu malcriado! Estou aqui com a maior boa vontade, querendo fazer as pazes com a grande natureza, com o grande cosmos, e você me mostra a língua? — e desvia a luneta do macaco.

A língua do bicho é vermelha, muito marota, brincalhona. Ele não tem nenhuma expressão de ódio ou de raiva. Queria apenas brincar ou mostrar a você que é sapeca, bem-humorado.

Mas você fica magoado, sente-se ofendido. Move a luneta, avista uma macaca e ela também mostra a língua e faz caretas, como quem diz "bobo, vem brincar, nós o estamos recebendo com alegria e brincadeiras".

Irritado, você joga a luneta no fundo do barco, cruza os braços e faz um beiço maior que o dos macacos. Não gosta nada das gracinhas daqueles animais muito criativos e ágeis. Eles pulam no seu barco; você se arrepia, salta para trás e grita:

— Saiam daí, seus invasores! O que vocês estão fazendo no meu barco?

Então eles começam a fuçar em tudo e abrem uma espécie de cofrinho portátil, uma caixa-forte, porém pequenina. Rodam o segredo e abrem a caixa, onde repousa um pequeno caixão preto adornado com um crucifixo, ambos pretos e de madeira. O objeto tem o tamanho de um maço de cigarros.

Quando o macaco abre a tampa, pula lá de dentro uma bailarina, que começa a rodar. É como se fosse uma caixa de música. O macaco leva um susto tão grande que cai na água e fica agarrado ao seu barco.

— Seu malcriado, atrevido, curioso! Quem mandou você abrir isso? É meu!

O animal começa a gritar histericamente, mostrando os dentes. Está furioso. Então, com grande esforço, sobe no barco e mantém a caixinha nas mãos.

Você berra:

— Dá aqui, isso é meu, é meu! — e o persegue pelo barco.

Você começa a ficar cansado, exausto; o macaco está dando um baile em você.

Ele pula para o alto de uma árvore e fica lá em cima abrindo e fechando aquela caixa de música um bocado sinistra — não querendo julgar a sua caixinha de música, mas de fato ela não tem nada de alegre.

O macaco se assusta quando a bailarina salta para fora, mas já entende o mecanismo. Ele fecha e abre, fecha e abre. Você, com o remo na mão, se deita no barco, cansado demais para ficar correndo de um lado para o outro. E diz:

— Macaco desgraçado, me dá isso, isso é meu! Seu macaco filho da puta!

Ele permanece ali, encantado com aquele objeto, até que sua companheira macaca pula para junto dele e começa a mexer na caixinha. Um passa para o outro, numa espécie de dança contínua.

Até que você levanta com o remo na mão!

— Me devolvam isso, seus desgraçados!

Então tropeça e se levanta, mas escorrega de novo. Você não percebe que eles vão ganhar sempre, pois você está no território deles. Eles são de uma agilidade brutal, extremamente leves. Andam em bando, ele está com a mulher dele, você está sozinho. Não vai conseguir vencer esses macacos.

E você tanto se revolta que cai na água e o barco vira, perdendo para sempre o seu cofre e todos os seus pertences.

Inconformado, você grita:

— Macacos malditos, a culpa é de vocês!

Então eles pulam da árvore sobre o fundo do barco, sentam-se e ficam segurando a caixinha, enquanto você permanece na água.

— Vocês fizeram o pior que podia me acontecer! Agora estou na água, sem barco, sem nenhum recurso. Vocês pegaram a caixinha de música que estava no meu cofre. Era a música que eu ia ouvir! Agora eu não tenho mais nada!

Os macacos o provocam, abrindo e fechando a caixa, e você fica furioso – chega a falar vários palavrões. O barco começa a se afastar, com os bichos sentados no casco, abrindo e fechando a caixinha de música. Você nada mal e porcamente, parece um cachorro, mas consegue chegar à margem do rio. Sente fortes câimbras, pois a água estava gelada e você lutou contra a correnteza.

Exausto, você se recosta num grande e frondoso jacarandá, tentando massagear as pernas. E pragueja:

— Desgraçados! Levaram meu barco, levaram minha caixinha!

Você está se achando a última das criaturas quando, sem poder andar por causa das câimbras, avista uma enorme jiboia se arrastando em sua direção.

Ela parece ter acabado de comer um boi; sua barriga está bem proeminente e ela digere lentamente o que engoliu. Ela se aproxima até ficar a 20 cm de você. Tem olhos enormes e a língua vermelha. Você sente um medo tão grande do bicho que fica paralisado.

E ela sobe pelas suas pernas e começa a enfiar a língua na sua boca. Então você diz:

— Obrigado, Deus, pela vida que você me deu. Estou indo embora, mas vou com dignidade. Obrigado por tudo, pelos desafios que venci.

— Você quer calar a boca para eu passar um pouco de poder para dentro do seu corpo? Parece que está anestesiado!

Você dá um grito de horror e diz:

— Você não vai me engolir!

A cobra responde:

— Não mesmo! Acabei de comer dois macacos que tinham uma coisa nas mãos. Parecia uma caixa de música, mas era um caixão. Era uma coisa horrorosa, mas agora eu os estou digerindo.

Você responde:

— Ah, então obrigado. O que você está fazendo em mim?

— Transmitindo poder, você está sem poder nenhum. Está fraco, magrinho, sentado embaixo dessa árvore com as pernas amortecidas pelas câimbras. Você precisa do meu vigor. Vou cuspir um pouco do meu veneno na sua boca, para ver se você reage. Você precisa é de veneno de cobra, diga isso ao seu médico.

— Não! Meu médico já me considera louco, agora ele vai me achar duplamente insano!

A serpente responde:

— E o que você tem a perder?

E vai passando o poder através da língua, até que se enrola em torno de você e diz:

— Descanse no meu ninho. Eu vim proteger você.

Você de fato parece um pássaro no ninho.

A cobra começa a estremecer e a lhe transmitir energia. É uma espécie de um choquinho, mas bom! Ela parece massageá-lo, como se houvesse bolinhas andando dentro dela.

De repente, ela solta um arroto gigante e diz:

— Já digeri os macacos, já estou bem e você também. Vá andando pela floresta, porque agora você está melhor.

Você se levanta e se espreguiça: parece mais animado, mais forte.

— Agora ande segurando nas árvores.

Mas há um cansaço, uma dificuldade de respirar. Você parece um velhinho. Sente dor nas costas, nos rins, nos pulmões, mas segue andando. De repente, encontra uma clareira enorme, onde há um tronco escavado com jeito de poltrona e um grande índio sentado com um cocar enorme de penas brancas. Você pergunta a ele:

— Aqui que é a morte?

— Não, aqui não é a morte, é a vida!

— Ah... Estou tão cansado... posso descansar um pouco?

— Venha sentar no meu colo.

Ele o abraça e canta uma canção, balançando o corpo para frente e para trás, como se o estivesse ninando. Você se transforma num menino pequeno de 6 ou 7 meses. Sente-se como se estivesse no útero da sua mãe. Até que ele diz:

— Tudo que o universo quer é lhe pedir perdão. Perdão pela falta de colo, pela falta de amor, pela falta de carinho, de nutrição. Agora você está aqui para ser nutrido. Para ser conectado, para ser ligado, para imergir conosco nas forças do amor e da iluminação.

E você vai crescendo enquanto ele o nina, até que chega à idade de hoje. Permanece enrolado, muito aconchegado no colo dessa grande e poderosa energia da natureza primitiva, que usa um cocar de penas brancas enormes e luminosas. Ele diz:

— Não se preocupe, você está no meu colo, sob a nossa proteção, e isso é maior e melhor que tudo. Você está cumprindo passo a passo o seu destino, que só acaba quando seu corpo, sua alma e suas emoções estiverem totalmente purificados. Isso leva tempo, e você deve confiar que esta conexão está sendo feita como se você tivesse de puxar milhões de pequenos fios invisíveis, que vão penetrar nas suas células e deixá-lo cada vez mais ligado às grandes forças do universo. Nada mais belo poderia ter lhe acontecido. É como se você estivesse recebendo seiva do universo, tudo está na mais perfeita ordem, não existe nada com que se preocupar. É como se fosse uma sinfonia que está sendo composta: as notas musicais estão caindo uma a uma, formando a melodia da sua existência. Fique tranquilo, fique com essa sensação de proteção, de enorme conexão com o grande universo. Rasgue o calendário, pare de contar os dias! Você não está numa maratona para encontrar a morte, mas numa dança para encontrar a vida. Não pense em mais nada, nós pensamos por você.

E surge uma luz branca e radiante, fazendo que você se sinta profundamente aconchegado. Suas forças vão voltando, e é como se você finalmente tivesse compreendido que essa ilusão da terra, os macacos, a gritaria, todas as imagens preconcebidas são apenas imagens que criamos para sobreviver nessas águas, nesse mundo.

Porém, só precisamos ter a certeza de que somos cósmicos, gigantes, muito maiores que esses pequenos ruídos do dia a dia. Fique com essa imagem, com essa mensagem. E receba, agradeça ou perdoe o universo. É como se o cosmo estivesse pedindo a você para recompor sua vida, pedindo perdão por aquilo que não saiu perfeito. Conecte-se apenas com essa luz, com essa sensação de eternidade, porque só isso importa. É isso que buscamos nessa vida, e quando abrimos mão de tudo, fica uma sensação de que somos o todo, o cosmo, onde só existem perfeição e harmonia.

Agradecimentos

Este livro contém sugestões de colegas, clientes, amigos, dos meus filhos. A todos eles agradeço pelo estímulo afetuoso.

Tem também o gesto carinhoso da Ariclê Perez, que fez chegar às minhas mãos a peça *A far country*, de Henry Denker, que Flávio Rangel primorosamente traduziu e dirigiu nos anos 1980, da qual reproduzo aqui um trecho significativo. Uma peça que eu, se soubesse escrever para o teatro, gostaria de ter escrito.

Há as mãos mágicas do Claude, terapeuta amigo de uma vida inteira e encorajador do meu trabalho.

A publicação das leituras, dos desenhos e dos depoimentos foi devidamente autorizada pelos meus clientes, porém com iniciais fictícias, para proteger sua individualidade e a dos profissionais com quem trabalho.

Agradeço profundamente àqueles com quem tive a oportunidade de viver no planeta Terra e por poder, de certa forma, contribuir para que os seres humanos acreditem ser muito maiores do que julga nossa vã filosofia.

www.gruposummus.com.br

IMPRESSO NA GRÁFICA sumago
sumago gráfica editorial ltda
rua itauna, 789 vila maria
02111-031 são paulo sp
tel e fax 11 **2955 5636**
sumago@sumago.com.br